Zwi Helmut Steinitz   Verdichtete Vergangenheit

Zwi Helmut Steinitz

(1927-2019)

Verdichtete Vergangenheit

Nach glücklicher Posener Kindheit
Leiden unter NS-Terror und die Ermordung der Familie in Bełżec
sowie schreckliche deutsche KZ-Jahre
und ein neues Leben in Israel
Ausgewählte Poeme
2016-2019

Herausgegeben
von Erhard Roy Wiehn & Christel Wollmann-Fiedler

Hartung-Gorre Verlag Konstanz

Umschlag-Titelfoto: Vater Hermann Steinitz mit Rudolf (links) und Helmut in Posen ca. 1932/33; Umschlag-Rückseite: Hermann und Salomea Steinitz vor dem Zweiten Weltkrieg in Posen (Fotos: Familie Steinitz); Herstellung: BoD GmbH, Norderstedt.

1941–2021
80 Jahre Überfall der deutschen Wehrmacht auf die Sowjetunion
und Beginn der Schoáh im Baltikum, in Belarus, Russland und der Ukraine
✡✡✡✡✡✡✡

Bibliographische Information Der Deutschen Bibliothek
Die Deutsche Bibliothek verzeichnet diese Publikation in der Deutschen Nationalbibliographie; detaillierte bibliographische Daten sind im Internet über <http://dnb.ddb.de> abrufbar.

Erste Auflage 2021
Hartung-Gorre Verlag Konstanz Germany
ISBN 978-3-86628-698-6 und 3-86628-698-8

Inhalt

Helmut (links) und Rudolf um Mitte der 1930er Jahre (Foto: Familie Steinitz)

6

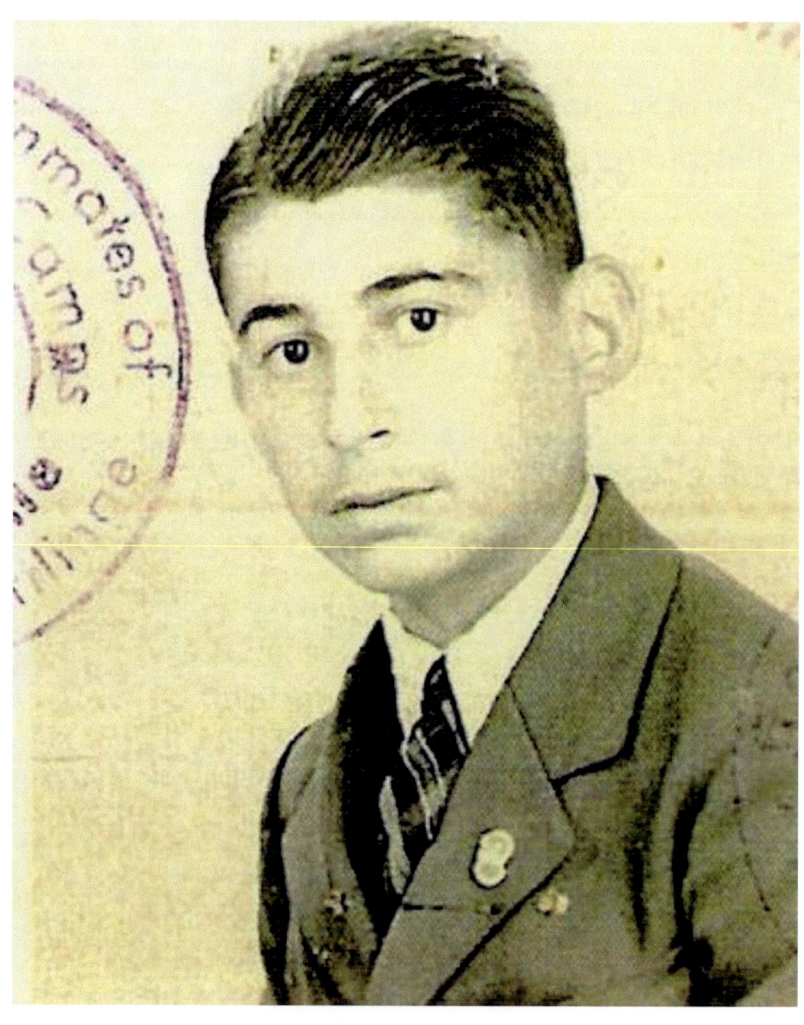

Zwi Helmut Steinitz 1946 (Foto: Familie Steinitz)

Zwi Helmut Steinitz
Poeme zum ewigen Gedenken

Jahrelang beschäftigte mich der Gedanke, das traurige Schicksal meiner Familie, die im Holocaust ermordet wurde, schriftlich zu dokumentieren. Fast mein ganzes Leben lang versuchte ich jedoch, die traurige Vergangenheit zu verdrängen und hütete mich davor, die Jahre der Leiden und Tränen wieder auf-leben zu lassen. Selten erzählte ich von den Geschehnissen der Kriegszeit. Erst 2009 konnte ich besuchsweise in das Land zurückkehren, in dem der Tod hauste und Ströme jüdischen Blutes diese Erde überschwemmten. Erst 67 Jahre später war ich imstande, vor dem Massengrab in Belżec zu stehen, in dem meine Eltern, mein Bruder und meine Tante zusammen mit Hunderttausenden jüdischer Opfern begraben liegen. Ich konnte dem Tod meiner Lieben nicht in die Augen schauen, für mich lebten sie weiter.

Nach Jahren tauchten des Öfteren lebendige Bilder der schrecklichen Kriegsjahre auf, die meinen Alltag überschatteten und mein Gemüt belasteten. Dann machte sich das Alter bemerkbar, ich war nicht mehr der Jüngste und fühlte bereits das Drängen der Zeit, die Geschichte meiner Familie doch endlich niederzuschreiben. Mein Leben lang verfolgt mich die Frage, wie ich den Krieg überlebt habe, woher die seelischen und körperlichen Kräfte stammten, die mir halfen, jahrelange Qualen zu ertragen. Für mein Überleben gibt es keine Erklärung, doch bin ich mir sicher, dass die Kinderstube, die ich in meinem Elternhaus genoss, einen bedeutenden Einfluss auf meine seelische Standhaftigkeit und Entschlossenheit hatte, insbesondere in kritischen Situationen.

Meine Eltern haben meinen Bruder und mich mit viel Liebe und menschlichen Werten erzogen, die ich in mein Leben mitgenommen habe. In Augenblicken tiefster Not und Lebens-gefahr erwachten verborgene Kräfte, die meine Sinne schärften und mein Leben retteten. Ich glaube fest daran, dass menschliche Werte, die im Elternhaus vermittelt werden, einen Menschen immer begleiten und sich zu Grundsätzen formen, mit denen ein junger Mensch selbständig ins Leben gehen kann. Hätte ich diese Grundsätze nicht erworben, hätten mich auch pures Glück und gelegentlicher Zufall nicht retten können.[*]

---

[*] Dazu: Zwi Helmut Steinitz, Durch Zufall im Holocaust gerettet. Konstanz 2012. (Alle bezifferten Fußnoten stammen von Erhard Roy Wiehn)

Als einziger Überlebender der Familie fühlte ich mich moralisch verpflichtet, das Schicksal meiner Familie, ihr Leben vor dem Krieg und im Laufe des Zweiten Weltkriegs bis zu ihrem tragischen Tod schriftlich zu verewigen. Ich hatte das außerordentliche Glück zu überleben und besitze heute genug seelische Kraft, mich mit den Schrecken der damaligen Zeit zu befassen und über die Geschichte meiner Familie zu berichten. Der schändliche Versuch der Nazis, ihre Existenz auszulöschen und sie vom Erdboden verschwinden zu lassen, wird nicht in Erfüllung gehen. Meine Eltern und mein Bruder haben keine persönlichen Gräber und keine Grabsteine – meine Memoiren sollen diese zum ewigen Gedenken ersetzen. Erstmals versuchte ich schon 1986, die dramatischen Jahre zu schildern, doch damals fehlte mir die nötige Kraft. 1989 unternahm ich einen neuen Versuch, schreckte jedoch abermals vor dieser Aufgabe zurück, weil ich fürchtete, alte Wunden aufzureißen und die tragischen Kriegsjahre wie-der aufleben zu lassen.

Als Erwachsener und Vater zweier Kinder habe ich mich öfter gefragt, welche Gedanken meine Eltern damals beschäftigten und was sie in dieser grausamen Zeit fühlten. Wie bewältigen Eltern ein Leben in täglicher Todesangst, ein Dasein in Ohnmacht und absoluter Hoffnungslosigkeit? Sie erkannten die schreckliche Absicht der Deutschen, das jüdische Volk zu vernichten und hatten nicht die geringste Möglichkeit, ihre Söhne vor dem grausigen Tod zu retten. Wie war es überhaupt möglich, in einer derart erstickenden Atmosphäre zu atmen? Denn sie waren nicht mehr Herr ihres Schicksals, sondern hilflos in der Hand erbarmungsloser deutscher Nazi-Schergen. Immer wieder stelle ich mir die Frage, wie es meinen Eltern gelang, uns von ihren schweren Sorgen fernzuhalten, obwohl wir im Ghetto in einem Zimmer zusammenwohnten. Mit allen Kräften versuchten sie, uns zu beschützen. Kein Wort von ihren unbeschreiblichen Sorgen, Ängsten und schwarzen Gedanken, die sie Tag und Nacht belasteten. Mutter und Vater waren Helden.

In den ersten Jahren nach meiner Ankunft im Land Israel und als junger Mensch von den damaligen jüdischen Pionieren fasziniert, widmete ich mich mit Begeisterung der zionistischen Idee und der Gründung eines neuen Kibbuz. Einige Jahre später haben meine Frau Regina und ich dann den jungen Kibbuz völlig mittellos verlassen und draußen unser Glück gesucht. Doch das Leben in der Stadt war für jeden Anfänger hart und verwöhnte auch uns nicht. Wir hatten ja weder Familie noch Freunde, die uns behilflich sein konnten, doch besaßen wir einen starken Willen und die große Hoffnung auf eine bessere Zukunft. Mit diesen Werten und mit dem grenzenlosen Lebensmut junger Menschen bewältigten wir gemeinsam die damaligen Schwierigkeiten und Hindernisse, die uns im Weg standen. Der harte Existenzkampf verdrängte eine Zeitlang die belastende Vergangenheit. Als Überlebende des Holocaust waren wir vor allem darauf bedacht, ein neues Familienheim aufzubauen.

Jahrelange Existenzsorgen konnten uns nicht entmutigen, und gemeinsam erreichten wir schließlich unser Ziel. Sämtliche Schwierigkeiten und Sorgen waren im Vergleich zu den bitteren Erfahrungen der Kriegsjahre eigentlich ein Kinder-spiel. Wir waren jung, begeistert und voller Hoffnung, bereit zu verzichten und in Bescheidenheit zu leben. Jahre vergingen, doch der ersehnte Friede war unserem kleinen Land nicht vergönnt. Die Europäer genossen bereits jahrelangen Frieden, und wir, die Überlebenden des Holocaust, mussten für unser Recht auf ein eigenes Land immer wieder kämpfen. Die andauernden existentiellen Bedrohungen, die das israelische Volk seit Jahrzehnten heimsuchen, können Worte kaum beschreiben, man sieht kein Ende und kommt nicht zur Ruhe.

Memoiren können niemandem das Leben wiedergeben, sie dokumentieren jedoch eine noble deutsch-jüdische Familie, die ihre Menschlichkeit mit Hingabe und Liebe nicht nur der eigenen Familie, sondern auch der Gemeinschaft schenkte. Der tragische Tod meiner geliebten Eltern und meines lieben Bruders riss schmerzhafte Wunden, und Trauer herrscht in mir bis zum heutigen Tag. Der 1. Juni 1942, der Tag unseres unvermeidlichen, tragischen Abschieds, war zugleich mein 15. Geburtstag. Leider konnten meine Eltern nicht wissen, dass es mir beschieden war, den Krieg zu überleben. Vielleicht gingen sie aber mit dieser Hoffnung in den Tod, anders ist ihr Entschluss nicht zu erklären, mich im Ghetto allein zurückzulassen.

Die Geschichte und das Schicksal der Familie Steinitz er-zähle ich für kommende Generationen. Ihre traurige Geschichte charakterisiert das Schicksal des ganzen jüdischen Volkes, von dem sechs Millionen mit grausamer deutscher Gründlichkeit planmäßig vernichtet wurden. – Die folgende Sammlung von Poemen thematisiert in verdichteter Form meine glückliche Kindheit im Posener Elternhaus 1927/39 bis zum jähen schrecklichen Ende unserer Familie im Juni 1942 sowie mein unverhofftes Wiedersehen mit Posen im Mai 2009 – 70 Jahre später.

Tel Aviv, im April 2019

Zwi Helmut Steinitz zeigt das von Mirjam Wiehn angefertigte Poster mit den verkleinerten Titelseiten seiner sechs Bücher (in der Reihenfolge ihres Erscheinens von links oben bis rechts unten), die seit 2006 in der Edition Schoáh & Judaica im Hartung-Gorre Verlag Konstanz veröffentlicht wurden, in Tel Aviv am 8. September 2016 (Foto: Erhard Roy Wiehn).

Verdichtete Vergangenheit

2016

Aus dem Fenster in meinem
Bettchen stehend ich schaute,
Fliederduft mich berauschte,
Die Schönheit der Natur
Im erwachenden Juni.

Knospen auf kahlen Stängeln sprossen,
Blitzblanke Fliederkätzchen,
Als Frühlingsboten den schönen
Monat Juni schmückten.

Der Blick des Kindes auf blühenden Flieder fiel,
Fliederduft sein Kinderzimmer füllte,
Ein herrlicher Genuss,
An schöne Kinderjahre erinnert.

Es war so schön, im Juni geboren zu sein,
Dem Erwachen der Natur zu folgen.
Bezauberndes Grün und reiche Blumenwelt
Meine Seele bereicherten:
Glücklich, ein Juni-Kind zu sein!

Oh liebster Juni, was ist aus dir geworden?
In tiefe Finsternis geraten, meine Traumwelt
Für immer verloren, oh liebster Juni,
Du bist in ewige Trauer gehüllt,
Was ist aus dir geworden.

Im schönen Juni die Sonne lachte,
Den zum Himmel Aufschreienden
Herzzerreißenden Ruf niemand hörte!
Am blauen Himmel die Sonne lachte,

Es war ein schöner Juni im Jahr 1942.
Oh liebster, schönster Juni,
Unsere Wunden werden nie mehr heilen.
Tränen füllen die Augen,
Kullern die Wangen herab,
Befeuchten die Lippen,
Es bleibt ein salziger Geschmack,
Ein ewiger Schmerz.

Oh liebster Juni, was ist aus dir geworden,
Wer hat dich in den Abgrund getrieben,
Wo nur Leid und Schmerz verblieben,
Meine Traumwelt zerstört.

Mutti Salomea, Vati Hermann und Bruder Rudolf
Nicht vergönnt war, mich zu erleben.
Oh liebster Juni, was ist aus dir geworden.

*

Das Leben geht weiter,
Ist nicht immer heiter;
Das Leben geht weiter,
Auch wenn Liebe brennt.
Das Leben geht weiter,
Liebe in Scherben fällt.
Das Leben geht weiter;
Ein Schiff an felsiger Küste zerschellt.
Das Leben geht weiter,
Millionen zum Himmel schreien.
Das Leben geht weiter,
Das Leben geht weiter.
Das Leben geht weiter,
Der Mensch nicht gescheiter.
Das Leben geht weiter,
Frieden wird ferner.
Das Leben geht weiter,

Vergebens der Traum.
Das Leben geht weiter,
Es bleibt nur der Schaum.
Das Leben geht weiter,
Aus ist der Traum.

*

Ich habe den Wunsch,
Mensch zu bleiben,
Zu jeder Zeit, wo ich auch bin,
Meine Kinderstube
Vor Augen,
Mit Stolz tragen,
Nie mehr vergessen,
Ein Mensch zu bleiben,
Wo ich auch bin
Ist mein Wunsch,
Mensch zu bleiben.

*

Wer hätte erzählt,
Wenn nicht überlebt?
Wer hätte erzählt
Vom himmelschreienden
Leid und Schmerz?
Nur wer überlebt,
Gesehen und gehört
Den Aufschrei,
Den Schuss,
Erschreckende Stille
Zum Schluss.
Wer hätte erzählt,
Wenn nicht durch ein Wunder
Er hat überlebt.

*

Das Alter stöhnt,
Ich lass mich nicht verwöhnen,
Das Leben hat mich nicht verwöhnt,
Ich gehe weiter und bleib' nicht stehen,
Lass mich nicht verwöhnen,
Auch wenn das Alter stöhnt.

*

Das Rauschen der Wellen ruht nicht,
Die Wellen laufend am Strand zerschellen.
Ob das Leben uns gefällt oder nicht,
Bin ich auf dieser Welt geblieben,
Bin dem Vorbild meiner Eltern gefolgt,
Wo ich war und wo ich auch bin,
Ein Mensch geblieben.
Ich höre die Wellen,
Sie zerschellen am Strand
Und kommen wieder.

<u>2017</u>

Mein Dank gilt
Dem Vogelgesang,
Der an meine Kindheit
Erinnert.

*

Ich reiche ihm meine Hand –
Und wo bleibt seine?

Alles was mir teuer war,
Ist nicht mehr da.
Ich frage warum.
Die Antwort bleibt stumm.

*

Meine Gedanken kennen keine Schranken,
Erzählen von Liebe, Leid, und Einsamkeit,
Entschwinden in die weite Welt.
Wer weiß, wer kennt meine Träume?
Sie wandern in die weite Welt,
Erzählen von Leid und Freude.

*

Ich stehe vor einer Tür,
Sie kommt mir bekannt vor.
Ich schaue auf,
Es ist Kochanowski 4.[1]
Hier war das letzte Heim,
In dem wir noch glücklich
Zusammen waren.

*

Komm nach unten,
Wo die Blumen blühen.
Komm nach unten,
Wo die Blumen duften.
Komm nach unten,
Wo die Bienen summen.
Komm nach unten,
Wo die Kinder lachen.
Komm nach unten,
Wo die Veilchen blühen.
Komm nach unten,
Wo ein Vöglein singt.
Komm nach unten,
Wo die Liebe blüht.

*

---

[1] Straße und Haus in Posen, wo Familie Steinitz wohnte.

Woher habe ich die Kraft genommen,
So viel Leid zu ertragen?
Ich habe viele Fragen,
Wen soll ich fragen?
Wer kann meine Fragen beantworten,
Das möchte ich wissen.
Indessen bin ich alt geworden,
Auf eine Antwort warte ich noch immer.

*

Was wäre ich geworden,
wenn die Hölle nicht gewesen?
Was wäre gewesen, wenn ich
Die Wahl gehabt hätte,
Meinen Träumen zu folgen?
Vielleicht ein Dichter,
Vielleicht ein Lehrer.
Wer kennt das Geheimnis,
Wen soll ich fragen,
Was aus mir geworden wäre,
Wenn die Hölle nicht gewesen?
Möchte so gern wissen,
Was ich geworden wäre.

*

Wer weiß, was Hunger bedeutet,
Der leere Magen
Nach einem Brocken Brot schreit!
Wer weiß, wie groß die Qual,
Wenn man ewig hungrig ist!
Hunger mit leerem Magen
Nicht stillen kann!

Hätte ich nur einen Brocken Brot gehabt,
Vielleicht hätte der den Hunger

Etwas gestillt.
Hab' leider den Brocken Brot nicht gefunden,
Bin hungrig geblieben:
Fragt den Hunger, welches Leid er zufügt!
Ich kann es sagen:
Hunger schmerzt
Wie eine tiefe Wunde,
Die nie mehr heilt!

*

Als der Tag kam
Und Essen in Fülle
Meinen Teller füllte,
Verging noch lange Zeit,
Bis ich keinen Hunger fühlte.

*

Die Sonne lachte.
Auch wenn es dunkel war,
Die Sonne lachte,
Auch wenn mir bitter zu Mute war.
Ich fragte, warum die Sonne lacht,
Was hat sie gedacht, wenn mir bitter
Zu Mute ist.
Ich habe nicht wahrgenommen,
Dass die Sonne immer lacht,
Auch wenn sie von Wolken verdeckt
Und wir zum Himmel schreien.
Trotzdem die Sonne immer lacht,
Auch wenn es uns schlecht geht.
Das ist die Ironie des Schicksals,
Wir schreien zum Himmel vor Schmerz.
Die Sonne hört und sieht nichts,
Sie lacht weiter, uns bleibt der Schmerz.

*

*Ich denke an den 1 September 1939,
Erinnere mich genau,
Wir waren auf dem Land.
Alles erschien so friedlich,
Kein Schuss ist gefallen,
Keine Bomben auf Posen,
Wie Vater befürchtete.
Kinder spielten an der Landstraße,
Als plötzlich eine endlose Schlange
Dreisitzer-Motorräder mit deutschen Soldaten
An uns vorbeifuhr.
Sie trugen Helme und Waffen.
Kein Schuss ist gefallen,
Keine Bomben auf Posen.
Man könnte glauben,
Es ist noch Frieden!
Als plötzlich erschreckende Flieger
Über uns flogen,
Deutsche Flugzeuge, Stukas genannt,
Ein nahes Industriegebiet zerstörten,
Rauchende Trümmer hinterlassend.
Aus war der Traum,
Ein blutiger Krieg hat begonnen.
Nichts hat Deutschland
Aus dem Ersten Weltkrieg gelernt!
Die damaligen Kriegsopfer vergessen,
Der Drang nach Macht ist geblieben.
War stärker als Frieden!

Jüdisches Besitztum geraubt,
Für die Aufrüstung der Wehrmacht.
Es war eine Zeit, in der Menschen

---

* 2. September 2017.

Von Frieden träumten.
Es war Hitlers Drang nach Macht,
Europa in seiner Hand!
Menschen von Frieden träumten,
Hitler nicht ernst genommen!
Eine bittere Enttäuschung,
Der Friede vergessen!
Eine blutige Hölle stand vor der Tür.

Ich denke zurück an den 1. September 1939:
Eine Traumzeit ging zu Ende,
Nazideutschland begann einen blutigen Krieg.
Deutsche Medien berichteten vom Überfall
Polnischer Soldaten auf deutsche Grenzposten.
Eine dreiste Lüge!

Jüdisches Besitztum für Waffenerzeugung geraubt,
In einer Zeit, in der Menschen von Frieden träumten.
Der Anfang einer erschütternden Tragödie!
Jüdisches Blut ist in Strömen geflossen,
Sechs Millionen haben gewaltsam ihr Leben verloren.
Wenige haben überlebt, können erzählen,
Was sie hörten, sahen, erlebten, erlitten.
Den Aufschrei der Opfer wollte niemand hören,
Niemand sehen, die Welt hat geschwiegen.
Ihr verzweifelter Aufschrei dröhnt noch heute
In meinen Ohren.

Ich denke an den 1 September 1939,
Eine Traumzeit ging zu Ende.
Nazideutschland begann einen blutigen Krieg
Deutsche Medien berichteten vom Angriff
Polnischer Soldaten auf deutsche Grenzwachen.
Diese Nachricht sollte die Welt überzeugen,
Dass Polens Überfall den Beginn eines Krieges
Gegen den polnischen Feind rechtfertigt.

Von heute auf morgen überfluteten
Hunderte deutsche Panzer polnisches Land,
Das keinen einzigen Panzer und keine Luftwaffe besaß.
Polen hatte sich auf die Westmächte verlassen,
Mit denen es ein Beistandsvertrag gab.
Im Gegensatz zum aufgerüsteten Nazideutschland,
Haben die Westmächte geschlafen, Polen in Stich gelassen.
Nur einzelne polnische Stützpunkte und Warschau
Haben kurzfristig Widerstand geleistet
Und dafür ein hohen Preis bezahlt.
Für die jüdische Bevölkerung
Begann ein jahrelanges Blutbad.

Sechs Millionen Menschen jüdischer Herkunft
Wurden in deutschen Vernichtungslagern ermordet,
Oder an Ort und Stelle erschossen,
Und die Welt hat geschwiegen,
UND DIE WELT HAT GESCHWIEGEN!!!
Niemand kann das verzeihen!
Wer kann das verstehen?
Warum musste das sein?
Die wenigen,
Die diese Hölle überlebten,
Dürfen nicht schweigen,
Sind verpflichtet zu berichten!
Es gibt kein Verzeihen!
Diese Schande Deutschlands
Geschichte ewig verdunkelt.

Kein Trost kann unsere Wunden heilen,
Es bleibt ein ewiger Schmerz.
Das ist der Preis,
Den wir fürs Überleben bezahlen,
Bleibt ein ewiger Schmerz.
Warum musste das sein.

Die Antwort war wie auf eine Wand geschrieben,
Jeder kann sie lesen, davon lernen!

Die Sonne lachte,
Uns blieb der Schmerz.
Die Sonne lachte,
Uns blieb nur Leid und Schmerz.
Die Sonne lachte, warum hat sie gelacht
Als unsere Tränen flossen?
Was hat sie gedacht.

Es war nicht zum Lachen,
Wenn auch die Sonne lachte.
Es waren Zeiten, in denen
Tränen in Strömen
Auf unseren Wangen flossen,
Keine Macht konnte sie stillen.

Alle meine Lieben habe ich verloren.
Mit Gewalt aus unserem Heim getrieben.
Ich schaute in Muttis Augen,
Sie waren mit Tränen gefüllt.
Um Hilfe flehten, ich konnte nicht helfen.
Was konnte ich tun,
Mein armer Vater hat nicht geschwiegen,
Hatte nichts zu verlieren.
Sein zorniger Aufschrei, gegen
Nazimörder gerichtet!
Vater hatte nichts zu verlieren,
Ist stolz in den Tod gegangen!

Ich habe meine Lieben verloren.
Ein letzter Blick zum ewigen Abschied.
Was konnte ich tun?
Bin allein In der Nazihölle geblieben.
Meine Aufgabe war zu überleben,

Zu berichten, was geschah.
Die Zeit hat mich gelehrt,
Der Nazihölle zu entkommen!
Es ist mir gelungen,
Zu berichten, was geschah.
Vielleicht werden Menschen
Daraus lernen,

*

*Die Nazihölle überlebt
Bin ich nun 91 geworden.
Die Erinnerungen sind jung geblieben,
Meine Gedanken berichten von traurigen Tagen,
Von Schmerz und Leid.
Wer kennt die vielen Stationen, die langen Wege,
Die ich gegangen?
Es ist eine endlose Geschichte.

Das Krakauer Ghetto,
Ihm folgten fünf deutsche KZ-Lager.
Dort war ich eine Nummer, kein Mensch.
Eine Nummer ist auf meinem linken
Arm geblieben, sie ist klein, sogar schön.
Der Tätowierer, der wohl ein Künstler war,
Jüdischer Herkunft, in Deutschland geboren.
In Auschwitz habe ich ihn nicht wiedergesehen,
Hab' ihn vergebens gesucht.

In Auschwitz angekommen,
Wurde ich in einem Block
Mit Kriminellen einquartiert.
Es war eschreckend,
Gleich nach meiner Ankunft,
Haben sie meine Mütze gestohlen,

---

* 2. September 2017.

Es war im eiskalten Januar 1944.

Ein Häftling hat mich gewarnt,
meine Holzschuhe keinesfalls
Auf dem Fußboden zu lassen,
Da sie dort im Nu verschwinden.
Der grausame Blockälteste
Hat mich gewarnt!
Holzschuhe nicht auf die Pritsche zu nehmen,
Ich hatte große Angst, hab' die Holzschuhe
Trotzdem nicht auf dem Boden gelassen.
Hab' vor Angst Nächte nicht geschlafen.
Was sollte ich tun, am Tag arbeiten,
In der Nacht nicht schlafen,
Wer konnte das aushalten.
Eines Nachts hab' ich festgestellt,
Dass der Blockälteste
Nachts niemals aufsteht.
Hab' mich langsam daran gewöhnt,
Mit Ängsten zu schlafen.

Eines Tages verzweifelt
Vom bitteren Schicksal geschlagen,
Bin durch Auschwitzer Straßen gelaufen,
Hab' ein bekanntes Gesicht gesucht,
Vergebens, niemanden getroffen.
Eines Tages ein deutschjüdischer Häftling
Auf mich zukam, nach meinem Befinden fragte.
In meiner gestreiften Häftlingskleidung
Einer Vogelscheuche ähnlich.
Sofort erkennbar, dass ich neu in Auschwitz war.
Hatte Glück, den unbekannten
Wohltäter zu treffen!
Er sorgte für meine Unterkunft mit Jugendlichen.
Hat mein Leben gerettet.
Ich wollte mich bedanken,

Hab' ihn niemals wiedergesehen!
Wünschte mir, seine Hand zu drücken,
Ein Dankeswort zu sagen!
Jahre sind vergangen,
Ohne ein Dankeswort zu sagen
Wo ist mein Wohltäter geblieben,
Hat er die Nazihölle überlebt?
Das möchte ich wissen,
Mich bei ihm bedanken,
Seine Hand drücken!

Es ist eine wahre Geschichte,
Menschen sollen es wissen:
In der Nazihölle hatte
Menschlichkeit ihr Antlitz
Nicht verloren!
Opfern die Hand gereicht,
Selbst in Gefahr gebracht,
Leben gerettet!!
Menschen sollen es wissen:
Opfern die Hand gereicht!

*

*Es ist schwer zu erklären,
Was wir berichten,
Es waren schwere Zeiten!
Was wir erlebten,
Kann niemand verstehen.
Wir kennen die Wahrheit,
Müssen berichten,
Dürfen nicht Schweigen.
Menschen müssen es wissen,
Was wir erlebten.
Die Opfer niemals vergessen!

---

* 5. September 2017.

Sie schrien zum Himmel,
Doch niemand hat sie gehört.
Wir müssen berichten,
Die Welt soll es wissen.
Die Opfer niemals vergessen,
Ist Deutschlands Pflicht!

Oft sagt man mir, ich sei ein Held.
Doch ein Held war mir nicht bekannt,
Wer wahre Helden waren, kann ich sagen:
Es waren unsere Eltern, sie haben
Im Stillen ihr Leid getragen.
Ihre Ohnmacht sie quälte, sie haben
Ihre Kinder nicht retten können.
Es ist eine tragische Geschichte,
Sie wurden mit meinem Bruder Rudolf
In den Tod getrieben, wussten nicht,
Dass ich am Leben blieb.

Helden waren meine Eltern.
Was konnten sie tun?
Ihre Hände waren gebunden!
Meine Mutter Salomea
Und mein Vater Hermann
Waren vorbildliche Eltern
Und sehr liebe Menschen.
Was konnten sie tun?
Ihre Hände waren gebunden.
So sind sie aus meinen Augen
Verschwunden.
Ich habe nicht geahnt,
Dass ich meine Eltern und Rudolf
Nie wiedersehen werde.
Ein letzter Abschiedsblick.
Wer hätte geglaubt,
Dass dieser Abschied

Der Allerletzte war?
Meine Eltern kannten die Wahrheit.
Ich konnte es nicht fassen,
War zu jung,
Die tragische Wirklichkeit zu erkennen,
Hatte meine Hoffnung noch nicht verloren,
Bis ein Licht mir aufgegangen, dass dies
Unser allerletzter Abschied war,
Sie niemals wiedersehen werde.
Meine Eltern kannten die Wahrheit,
Haben niemals vor uns darüber gesprochen,
Haben ihr Leid im Stillen getragen,
Bis ich sie für immer verloren.
Sie waren wahre Helden,
Von denen man nicht spricht.
Den Helden in mir kenne ich nicht,
Habe niemals gedacht, ein Held zu sein,
Wenn auch die Nazihölle überlebt.
Die wahren Helden waren Mutter und Vater,
Haben ihre Ohnmacht niemals verraten,
Haben im Stillen gelitten.

Sie wollten uns retten.
Wurden in den Tod getrieben,
Ohne zu wissen, dass ich
Am Leben geblieben.
Was konnte ich tun,
Konnte nicht helfen,
Meine Familie zu retten,
War machtlos.
Bin alleine geblieben.

Meine Eltern und Rudolf
Hat Nazideutschland
In den Tod getrieben,
Im Bełżecer Vernichtungslager

In einem Massengrab begraben.
Geblieben ist ein tiefer Schmerz,
Der niemals schwinden wird!!
Über ihr Leben und Wirken
Habe ich in meinem Buch
Geschrieben.[2]

*

*Ich erinnere mich genau, hab' in Posen
Die Hand meiner Mutter gehalten
Auf dem Weg zum Zentrum der Stadt,
Um Mutters Geschwister zu besuchen.
Mutti liebte ihre Schwester Anna innig.
Sie war die älteste Schwester,
Mutti Salomea die Jüngste.
Sie hatte bronzenes Haar,
War eine schöne Frau.
Bronzenes Haar ist
Eine Seltenheit.

Oft wurde Mutti angesprochen,
Man fragte, wo sie ihr Haar färbt.
Ich erinnere mich genau,
Wie stolz ich war,
Eine schöne Mutti zu haben.
Frauen fragten,
Woher das bronzene Haar?
Ein Geschenk der Natur!

---

[2] Zwi Helmut Steinitz, Als Junge durch die Hölle des Holocaust – Von Posen durch Warschau, das Krakauer Ghetto, Płaszów, Auschwitz, Buchenwald, Berlin-Haselhorst, Sachsenhausen bis Schwerin und über Lübeck, Neustadt, Bergen-Belsen, Antwerpen nach Erez Israel 1927–1946. Konstanz 2006, 2. durchgesehene u. erweiterte Auflage 2008 (mit zahlreichen Fotos aus dem ehemaligen Krakauer Ghetto heute sowie von der jüngsten Vortragstätigkeit des Autors in Deutschland), 3. Auflage 2011, 4. Auflage 2015.
* 8. September 2017.

Hab' damals noch nicht verstanden,
Dass nichts im Leben ewig bleibt.
Eines Tages ging alles verloren;
Vom Geschenk der Natur
Ist nur Schmerz und Trauer geblieben.
Es ist eine wahre Geschichte,
Ihr sollt sie wissen.
Ich konnte nicht helfen, nichts tun.
Hab' alles versucht,
Meine Familie zu retten!
Ist leider nicht gelungen.
Trotzdem ist mein Gewissen belastet.
Damit muss ich leben,
Ich konnte nicht helfen,
Nichts tun,
Meine Lieben zu retten,
Hab' sie vor meinen Augen
Für immer verloren.
War machtlos zu helfen,
Konnte nichts tun.
Bin mit diesen Gedanken
Allein geblieben.

*

[*]Die Wehrmacht war siegesbewusst
Auf einem ständigen Rückzug.
Die Absicht, Moskau zu erobern:
Vergessen, wie Napoleons Grenadiere
Im tiefen Schnee versanken.
Die deutschen Soldaten genau
Wie französische Grenadiere
Im Schnee ertranken.
Der Drang nach Macht

---

[*] 8. September 2017.

Hat die deutsche Wehrmacht
An den Abgrund gebracht.
Räder rollten für Hitlers Wahn,
Moskau zu erobern!
Der ersehnte Sieg ist im tiefen Schnee erfroren.
Es blieben nur Eisklumpen deutscher Soldaten.
Warum haben sie nur an Macht gedacht,
Den Frieden vergessen.
Es blieben Eisklumpen deutscher Soldaten,
Die unnötig für Hitlers Wahn starben!

*

*Sie kam niemals zur Ruhe
Nicht bei Tag und nicht bei Nacht,
Niemals Zeit für sich selbst.
Für andere zu sorgen,
Hatte sie immer Zeit!
Zu jeder Zeit hilfsbereit,
Niemals Zeit für sich selbst.
Für andere zu sorgen, immer Zeit!
Wer konnte das sein?
Ich habe die Antwort.

Jederzeit Mut machen,
Immer Zeit zu helfen,
Wer konnte das sein,
Ich habe die Antwort,
Kann nur Regina sein!³
Hilfsbereitschaft und Liebe geben
Ist Reginas Natur.

---

* 9. September 2017.
³ Ehefrau von Zwi Helmut Steinitz.

Wie schön,
Von lieben Menschen
Umgeben zu sein.
Es ist eine Freude,
Geliebt zu werden,
Nach langen Jahren,
Niemand mehr da war,
Der Liebe konnte geben.

Es kam eine Zeit, in der
Liebe wieder blühen konnte,
Habe aus diesem Kelch getrunken,
Den Durst nach Liebe zu stillen!

In einer Zeit, in der man nur an das
Überleben dachte, Menschlichkeit suchte:
In der Not erfahren, dass Menschlichkeit
Auch in der Nazihölle nicht verloren ging.
Menschen in Not die Hand gereicht,
Leben gerettet, ich habe es selbst erlebt.
Hab' einen Wohltäter getroffen,
Geholfen mein Leben zu retten.
Er hat mich gerettet.
Hab' meinen Wohltäter nie wiedergesehen,
Ihm die Hand zu drücken, ihm zu danken.
Wohin ihn das Schicksal getrieben,
Möchte ich gerne wissen.

Die traurige Vergangenheit will mich nicht verlassen.
Die Erinnerungen an diese Zeit sind eine schwere Last
Ich muss sie tragen! "Wer hätte das geglaubt",
Geschrieben von Zwi Steinitz im September 2009.[4]
Ich halte das Vorwort in meiner Hand,

---

[4] Zwi Helmut Steinitz, "Wer hätte das geglaubt". In: Erhard Roy Wiehn (Hg.), Wer hätte das geglaubt – Erinnerungen im Kibbuz Buchenwald – Netzer Sereni an Hachschará und Konzentrationslager 1939-1945-1985. Konstanz 2010, S. 7 f.

Lese den Text, kann es kaum glauben,
Dass meine Feder ihn geschrieben.
Trotz der unmenschlichen, fast hoffnungslosen Zustände
In barbarischen deutschen KZ-Lagern blühte in Kreisen
Zahlreicher Häftlinge eine enge Kameradschaft und Verbundenheit,
Die auch in größter Lebensgefahr nicht versagte.
Hilfsbereitschaft und Hingabe charakterisierten
Die vom Schicksal geschlagenen Menschen
In unwürdigen Umständen.
Die schauderhaften, barbarischen Bedingungen
In Nazi KZ-Lagern hatten das Ziel, den Häftlingen
Die Menschlichkeit zu rauben,
Sie in ihrem Überlebungskampf in Raubtiere zu verwandeln.
Diese Ziel haben die Nazis nicht erreicht.
Das gemeinsame tragische Schicksal, schuf moralisch
Hochwertige Freundschaften und Verbundenheit,
Die manchen das Leben rettete
Und auch nach der Befreiung bestehen blieb.
Sie waren Symbole der Menschlichkeit in einer Welt des Grauens,
In der Hunger und Tod herrschten.
Die Berichte aus der Nazihölle[5] 40 Jahre nach der Befreiung, Be-
schreiben in Kürze authentisch,
Wie Nazideutschland unter bestialischen Umständen,
Die systematische Ermordung des jüdischen Volkes durchführte.
Bewundernswert ist nicht nur die Standhaftigkeit
Und Verbundenheit der Hachschará-Gruppe,
Sondern auch ihre Zuversicht und ihr Wille,
Sich am Aufbau des Landes Israel zu beteiligen.
Das große Leid, das sie erleben mussten,
Der Verlust Ihrer Familien und ihrer Heime in Deutschland
Und anderen Ländern, stärkte ihren Wunsch

---

[5] In: Erhard Roy Wiehn (Hg.), Wer hätte das geglaubt – Erinnerungen im Kibbuz Buchenwald – Netzer Sereni an Hachschará und Konzentrationslager. Konstanz 2010.

Nach einem eigenen Heimatland,
In dem das jüdische Volk zu Hause ist:
Niemals mehr als Minderheit angesehen
Und seiner Herkunft wegen
Verfolgt werden!

*

*Habe heute, am 11. September 2017,
Hab' ich den Text erneut gelesen,
Von deutschen Freunden geschrieben,
Ruth und Herbert Fiedler.[6]
Sieben Jahre sind vergangen,
Seit dieser Text erneut erschienen.
Vieles hat sich verändert,
Der jüdische Staat hat Millionen Menschen
Jüdischer Herkunft aufgenommen,
Aus allen Kontinenten sind sie gekommen,
Verschiedene Sprachen haben sie gesprochen.
Unterschiedlich waren ihre Kulturen und Gewohnheiten.
Die Aufgabe des jungen Staates war,
Den Neueinwanderern die hebräische Sprache
Als Landessprache Israels beizubringen,
Ihnen zu helfen, Hebräisch zu lernen,
Im täglichen Umgang zu benutzen.

Mir ist es nicht schwer gefallen,
Die hebräische Sprache zu erlernen.
Nach kurzer Zeit habe ich fließend
Hebräisch gesprochen.

Diejenigen, die das Vertrauen
An ein liberales Deutschland nicht aufgegeben hatten,

---

* 11. September 2017.

[6] Ruth u. Herbert Fiedler, "Hachscharót und die Haschschará-Stätte Ahrens-dorf", in: Erhard Roy Wiehn, Wer hätte das geglaubt. Konstanz 2010. S. 135 ff.

Sind in den dreißiger Jahren geblieben.
Haben bald einen hohen Preis dafür bezahlt.
Hitlers Mordmaschine hat das Schicksal
Von Millionen entschieden.
Von meiner Familie ist niemand geblieben.

Ich war auf der Hut, dem Zufall[7] ist zu verdanken,
Dass ich der Nazi-Mordmaschine entkam.
Überleben in ständiger Lebensgefahr.
Ich war jung und unerfahren, wer sollte mir raten,
In einer Zeit, in der allen Gefahr drohte.
Nur auf meine Instinkte konnte ich mich verlassen.
Sie haben mich nicht enttäuscht,
Bin am Leben geblieben.
Wie lässt sich das erklären?
Gibt es überhaupt Worte dafür?

*

*Es war nicht in Posen.
Der Zweite Weltkrieg hatte begonnen.
Gezwungen, Posen zu verlassen,
Sind wir nach Krakau gezogen
Zum Bruder meiner Mutter.
Unseren Besitz hat die Firma Mewes gepackt;
Auf Wunsch meiner Eltern wurde er dort verwahrt.
Meine Eltern gaben die Hoffnung nicht auf,
In Kürze wieder daheim zu sein.
Sie erkannten die bittere Wahrheit nicht.
Unser Heim haben wir nie wieder gesehen.
Wir besaßen einen Flügel der Firma Niendorf,

---

[7] Zwi Helmut Steinitz, Durch Zufall im Holocaust gerettet – Rückblick eines Israeli aus Posen, der das Krakauer Ghetto und deutsche KZs durchlitt und überlebte. Konstanz 2012.
* 14. September 2017.

Diesen Flügel hatte Onkel Georg ausgesucht.
Gerade hatte ich begonnen, Klavier spielen zu lernen,
Da fing der Zweite Weltkrieg an.

*

*Die traurige Vergangenheit
Auf den Schultern zu tragen,
Ist eine schwere Last,
Sie lässt sich nicht vertreiben,
Für immer wird sie bleiben,
Als Preis für mein Überleben.

Meiner Familie war das nicht vergönnt,
In ein Todeslager wurde sie getrieben,
Aus dem niemand wiederkam.
Das hat Nazideutschland gewollt!
Millionen Menschen jüdischer Herkunft
Wurden in den Tod getrieben!
Ich bin den Verbrechern entkommen,
Am Leben geblieben, um zu berichten,
Dieser Schandfleck Nazideutschland,
Wie ein dunkler Schatten
Wird er uns ewig begleiten.

Beim Schreiben dieser Worte
ist mir nicht gut zumute.
Wir haben viele deutsche Freunde,
Liebe Menschen.
Die wir nicht für die Verbrechen
Ihrer Vorfahren zu beschuldigen.
Sie werden sorgen, dass diese Schande
Sich niemals wiederholt.
Dass Friede auf dieser Erde herrscht.
Dass Schillers Worten "Alle Menschen werden Brüder"

---

* 16. September 2017.

Die jungen Generationen folgen.
Dass uns ein ruhiges Leben vergönnt sei,
Ist mein innigster Wunsch,
Dieses Wunder zu erleben!!
Israels erster Ministerpräsident
Ben Gurion erklärte:
"Wer nicht an Wunder glaubt,
Ist kein Realist!"
Mein Überleben in vier KZ-Lagern
Ist ein Wunder.
Wie habe ich das ausgehalten,
Wurde ich oft gefragt.
Darüber dachte ich nach.
Ich war jung, dachte nicht an den Tod,
Nur daran, der Nazihölle zu entkommen!
Jahre sind vergangen.
Ich hatte Glück.
Am 3 Mai 1945 vor Schwerin
wurde ich von US Truppen befreit.
Es war schwer, zu begreifen,
Dass ich plötzlich frei bin!
Meinem Gefühl nach
War ich noch ein Häftling!
Wie man mit Freiheit umgeht,
Musste ich erst lernen.

Ich war kaum 13, als der Zweite Weltkrieg
am 1. September 1939 begann.
Bis zur letzten Minute hatte mein Vater
Die Hoffnung nicht aufgegeben,
Dass nach dem blutigen Ersten Weltkrieg
Deutschland auf einen neuen blutigen Krieg
Verzichten wird. Doch der Drang nach Macht
War stärker als der nach Frieden.
Hitler hat Deutschland in den Abgrund getrieben,

Millionen Deutsche haben mit dem Leben bezahlt,
Deutsche Städte lagen in Trümmern.
Das war der Preis für Hitlers Wahn.
Hoffentlich hat das deutsche Volk gelernt,
Dass Kriege nur zu Leid und Zerstörung führen,
Dass Frieden über allem steht.
Wir, die unsere Teuren verloren,
Wissen zu schätzen, was Frieden bedeutet!
Menschenpflicht ist es, den Frieden zu stärken.
Ich drücke jedem die Hand, der für Frieden einsteht,
Und sage ihm: Danke, mein Freund!

*

*Ich habe von meiner Mutti geträumt,
Lebendig als wäre es heute,
Wir waren auf dem Weg in die Stadt,
Meine Hand in ihrer Hand.
Mutti war eine schöne Frau,
Sie hatte bronzenes Haar.
Frauen fragten, wo sie ihr Haar färbt.
Es war ein Geschenk der Natur!
Ich war glücklich,
Eine schöne Mutti zu haben.
Dies ist kein Traum, es ist eine
Erinnerung an die gute alte Zeit.
Obwohl mir manchmal scheint,
Dass es erst gestern war.

Niemand sonst in meiner Familie
Hat bronzenes Haar.
Vielleicht wird eines Tages
Ein Kind mit bronzenem Haar
Sich an unsere Herzen schmiegen.

---

* 19. September 2017.

Wir müssen warten, bis es erscheint.

Wir haben eine liebe Tochter,
die Schlomit heißt – Salomea
Wie meine Mutter!
Ich schaue sie an und sehe
Meine Mutter!

Unweit unseres Hauses
Lag der Posener Tiergarten.
Auf einer Freilichtbühne
Spielte ein Orchester.
Sonntags im Schatten der Bäume
Hörten Rudolf und ich Operettenmusik.
Kühler Orangensaft stillte unseren Durst.
Das war ein Hochgenuss!
Es ist eine starke Erinnerung,
Kein Traum.

Zu Hause am Radio und
Vor dem Schallplattenspieler
Hörten wir oft Musik.
Viele berühmte Opernsänger,
Die heute fast vergessen sind.
Eine wunderbare Erinnerung kann ich nicht
Dem Gedächtnis überlassen,
Muss sie auf dem Papier festhalten:
Wir waren noch kleine Kinder,
Hörten die Radioübertragung
Eines Konzerts von Wilhelm Furtwängler
Und den Berliner Philharmonikern:
Beethovens *Pastorale.*
Vati saß an unseren Betten,
Erklärte uns den Sinn der herrlichen Musik.
Die Wunder der Natur, die die Pastorale
In Tönen erklingen lässt.

Erschüttert las ich von Beethovens Schicksal,
Der sein Gehör verloren hatte.
Eine traurige Episode blieb mir in Erinnerung:
Beethoven dirigierte ein Konzert, hörte nicht mehr
Seine Musik, die die Philharmoniker spielten.
Er dirigierte ein Musikstück,
Das in seinen Ohren klang.
Das Publikum erhob sich,
Rief stehend: "Beethoven, Beethoven!"
Er hörte das Publikum nicht
Und dirigierte weiter.
Ich bin nicht sicher,
Dass meine Beschreibung
Den Tatsachen entspricht.
Es sind Kindheitserinnerungen,
Wie sie in meinem Gedächtnis blieben.

*

*Schon als Kind hat mich Beethovens Musik begeistert,
Ich summte im Stillen Fragmente aus seinen Werken,
Hörte Stürme und Regengüsse,
Denen Sonnenschein folgte,
Fröhliche Tänze auf grünem Rasen,
Glückliches Lachen, Hände klatschen
Den Takt der Musik.
Beethovens *Pastorale* erzählt
Von den Wundern der Natur.
Als Kind bewunderte ich Beethovens Musik,
Sie drang in mein Herz, gewann meine Seele,
Der melodische Reichtum Beethovens.
Auch heute, viele Jahre später,
Bereichern Beethovens Werke mein Leben.
Lebensmut und Hoffnung strömen aus seiner Musik,

---

* 21. September 2017.

Entzückt und berauscht mein Gemüt.

*

Sechs teure Jugendjahre
Sind nutzlos an mir vorbeigegangen.
Der Krieg hat das Schöne in Scherben hinterlassen,
Von meinen Teuren blieb keine Spur.
Nach sechs Jahren war ich bereits erwachsen,
Allein musste ich unbekannte Wege gehen,
Im Unbekannten meine Zukunft suchen.

Hatte keine Familie, hatte kein Heim.
Sinnlos die Rückkehr in die Fremde.
Schon in Auschwitz träumte ich,
Falls ich die Nazihölle überlebe,
Europa zu verlassen,
Im Land der Zehn Gebote
Eine neue Heimat finden!
Das ist eine wahre Geschichte,
Kein Traum.
So waren meine Gedanken
Und Hoffnungen.
Ich habe nicht gewusst,
Das meine neue Heimat
Mit Europa nicht zu vergleichen ist.
Die Natur Europas vermisste ich.
Im schönen Posen wurde ich geboren.
Meine Kinderjahre habe ich genossen,
Von Mutti und Vati verwöhnt!
Es waren blühende Jahre
Voller Glück und Freude,
Mit Sehnsucht erinnert!
So früh aus meinem Leben
Verschwunden.
Warum musste das sein?

Alles war wie auf einer Wand geschrieben,
Nicht alle erkannten die Warnung (das Menetekel?)
Als die Gefahr erkannt wurde, war es zu spät.
Das Schicksal hat mir bestimmt,
Zu überleben und zu berichten.

Bis zum letzten Moment
Habe ich nicht geglaubt,
Dass es möglich wäre,
Die Nazihölle zu überleben.
Die Macht der Nazis
Schien grenzenlos.
Kein Mitleid, kein Erbarmen
In ihren Herzen.
Menschlichkeit zertreten von Stiefeln.
Leid, Schmerz und rauchende Trümmer
Waren die Hinterlassenschaft.
Bis sie selbst in ihrer Barbarei versanken!
Rauchende Trümmer blieben.
Millionen Funken stoben zum Himmel.
Häuser brachen zusammen.
Die Stadt brannte lichterloh,
Das habe ich selbst gesehen,
Als ich noch Häftling war,
Hoffend, dass diese Funken
Das Ende der brutalen Diktatur bedeuten.
Dieser Tag stand vor der Tür,
Noch war ich Gefangener,
Nicht sicher, die Freiheit zu erleben,
Als die SS-Männer plötzlich verschwanden!
Es war der 3. Mai 1945:
Ich war frei!
Als der Krieg begann, zählte ich
Kaum 13 Jahre,
War fast noch ein Kind.

Am Befreiungstag war ich 18,
Ein Erwachsener.
Sechs nutzlose Jahre
Sind an mir vorbeigezogen.
Wie kann ich sie zurückholen,
Das ist die Frage:
Schreibend
Berichten.

*

*Zwei kecke Äugelein lächelten mir zu,
Ein junges Mädchen mit blondem Haar.
Sie trug eine Bluse mit Knöpfen und
Einem winzigen Ausschnitt.
Wir spielten Ball.
Das Mädchen bückte sich tief,
Den Ball zu fassen,
Zeigte lächelnd,
Was ihre Bluse verbarg.
Wir spielten weiter.
Der Ball war in meiner Hand,
Das Mädchen, den Ball
Mir entreißend,
Bückte sich tief,
Mehrere Knöpfe nun offen,
Ihren Schatz sollte ich sehen:
Für das Mädchen ein Spiel!
Für mich das erste Mal,
Dass ein Mädchen,
Hemmungslos
Ihre versteckten Schätze zeigte.
Ich habe es genossen,
Bedauert, dass meine Familie

---

* 23. September 2017.

Umziehen musste.
Es war Krieg, wir verließen Posen,
Das Mädchen habe ich nie wiedergesehen.
Es war ein schönes Erlebnis,
Damals mit noch nicht 14.

Am 1. Juni 1926 bin ich geboren.
Am 1 Juni 1942 verlor ich
Meine Eltern und den Bruder.
Hart schlug das Schicksal zu.
Warum musste das sein?
Eine Antwort bekam ich nie.

Nach Freiheit gestrebt!
Versucht, der Hölle
Zu entkommen,
Ist mir gelungen!
Meinen Traum erfüllt!
Die Freiheit erlebt!
Aber nicht gejubelt,
Meine Lieben verloren!
Es war am 1. Juni 1942!
An meinem Geburtstag
Habe ich meine Lieben verloren!
In Trauer gehüllt blieb ich allein.

Am 1. Juni 1926 geboren.
Ein trauriger Tag.
Meine Lieben verloren.
Hart schlug das Schicksal zu.
Mit diesen Erinnerungen leben,
Eine schwere Last tragen,
Das ist mein Schicksal.

Du stellst mir Fragen.
Was soll ich sagen.

Von glücklichen
Kinderjahren erzählen,
Die von brutalen Stiefeln zertreten,
Meine Eltern und Bruder Verloren!
Niemals eine Antwort bekommen,
Warum musste das sein.

Wer kann erklären,
Warum Goethes und Schillers Volk
Einen so brutalen Führer verehrte?
Seine mörderischen Absichten
Veröffentlichte er in seinem Buch.
Niemand hat ihn ernst genommen.
Millionen Menschen hat der brutale Führer
In den Tod getrieben.
Zerstörte Städte hinterlassen.
Das deutsche Volk folgte blind
Seinem wahnsinnigen Führer.

Das jüdische Volk
Hat den höchsten Preis bezahlt.
Sechs Millionen Menschen ermordet!
Diese Schande wird die deutsche
Geschichte auf ewig verdunkeln,
Verzeihen gibt es nicht.

*

*Jacek Kubiak hat uns eine korrigierte Version
Seines Dokumentarfilms "Eine blonde Provinz" geschickt.[8]
Vor acht Jahren wurde der Film gedreht,
Regina, unser Sohn Ami und ich waren dabei.
Auch ein polnischer Überlebender berichtete von seinen Erfahrungen.

---

* 29. September 2017.

[8] Dazu: Zwi Helmut Steinitz, Meine deutsch-jüdische Kindheit im polnischen Posen. Konstanz 2015, S. 141 ff.

Dieter und seine Frau, Baltendeutsche, hatten Wichtiges zu sagen.
Dieter erinnerte sich an Hitlers Appell an alle Baltendeutsche:
"Die deutsche Heimat wartet auf euch!"
Ein Paradies wurde versprochen!
Die verblendeten Menschen haben ihre Heimat
Und ihren Besitz verlassen.
"Der Führer ruft, wir müssen ihm folgen!"
In Deutschland jubelnd angekommen,
Hat niemand sie erwartet.
Hitlers Versprechen – nur leere Worte,
Die verblendeten Menschen blieben mit leeren Händen,
Ihr Besitz war verloren!
Hitlers mächtiges Deutsches Reich
Ist letztlich im tiefen russischen Schnee versunken.
Deutsche Städte nur noch rauchende Trümmer.
Der Führer rief, sie mussten ihm folgen.
Leere Worte, nur Leid und Schmerz sind geblieben.
Warum sind sie so blind gewesen,
Haben Hitler geglaubt und
Sind ihm jubelnd gefolgt!
Der Drang nach Macht
Hat den Frieden besiegt.
Die Welt zu beherrschen sein Ziel!
Jüdisches Blut ist in Strömen geflossen,
Die Welt hat geschwiegen.
Das jüdische Volk hat den höchsten Preis bezahlt.
Sechs Millionen in Vernichtungslagern
Ermordet oder sofort erschossen.
Die Welt hat zugeschaut!
Warum hat sie geschwiegen?
Warum musste das sein.
Die Frage, warum sie schwieg,
Ist immer noch offen.
Unseren Schmerz wird niemand lindern,

Damit müssen wir leben.

*

*Bittere Worte bedecken das Papier,
Eine schwere Last.
Jedes Wort eine Träne,
Kann sie nicht zählen,
So viele bedecken das Papier.
Wollen nicht trocknen,
Nicht schweigen,
Verlangen mehr Papier:
Ich muss weiter schreiben.

*

**Ich erinnere mich noch aus Posen
An den berühmten jüdischen
Geigersolisten Bronislaw Hubermann.
Er wurde Gründer des jüdischen
Philharmonischen Orchesters
Im Britischen Mandat Palästina.
Die Mehrzahl der Musiker kam
Vom Berliner Philharmonischen Orchester.[9]
Wegen Hitlers Rassegesetzen
Hatten sie es verlassen müssen.
Das erste Konzert der Philharmoniker
In Palästina dirigierte der weltberühmte Toscanini.
Ihm folgte eine Reihe bekannter Dirigenten.
Die Israelische Philharmonie gehört heute zu den Besten,
Weltberühmte Solisten sind ihre Gäste.

---

* 2. Oktober 2017.

** 3. Oktober 2017.

[9] Uri Toeplitz, Und Worte reichen nicht – Von der Mathematik in Deutschland zur Musik in Israel. Eine jüdische Familiengeschichte 1812-1998. Konstanz 1999, 2. Auflage 2000.

Zubin Mehta, damals einer der Jüngsten,
Dirigiert noch heute, ist längst kein Gast mehr,
Mitglied und Freund der Philharmonie.
Jahrelang besuchten Regina und ich Konzerte
Der Philharmonie, die unsere Seelen und Herzen berauschten.
Unvergesslich das Konzert, bei dem der Dichter
Jewgeni Jewtuschenko[10] sein Gedicht "Babi Jar" vortrug.
Unsere Herzen bebten, Tränen füllten unsere Augen,
Erschütternd, ewig wird das in Erinnerung bleiben!
Jahre sind vergangen, wir sind alt geworden.
Konzerte können wir nicht mehr besuchen.
Kostbare Erinnerungen bleiben,
Für den erlebten Musikgenuss
Bleiben wir dankbar.

*

*Denke oft an meine Kindheit,
Das war eine glückliche Zeit,
Ein Gefühl der Geborgenheit,
Das nichts in der Welt zerstören kann!
Hab' mit diesen Gedanken
Meine Jugend verbracht.
Von Liebe umgeben,
Nicht gedacht, dass eines Tages
Das wunderschöne Leben
In Scherben zerbricht.
Es gibt kein Zurück.
Ein schöner Traum,
Was einmal war.

---

[10] Jewgeni Jewtuschenko (1932-2017): "Es steht kein Denkmal in Babij Jar...",
vertont von Dmitri Schostakowitsch (1906-1975) in der Symphonie Nr. 13 b-
Moll "Babij Jar" op. 113; dazu: Erhard Roy Wiehn, Babij Jar 1941 – Das
Massaker an der jüdischen Bevölkerung von Kiew 60 Jahre danach zum Ge-
denken. Konstanz 2001.
* 6. Oktober 2017.

*

*Ich bin alt geworden,
Denke zurück,
Wie schnell die Jahre
An mir vorbeigeflogen.
Eine glückliche Jugend,
Von brutaler Hand zerstört,
Leid und Schmerz hinterlassend.
Meine lieben Teuren verloren.
In ewiger Trauer gedenken.

Jahre der Leiden
Sind langsam verlaufen,
Nahmen kein Ende.
Endlose Wege marschiert.
In den Abgrund getrieben,
Erschöpfung und Hunger,
Physisch und moralisch,
Unser täglich Brot.
Ist ihnen nicht gelungen,
Ihr Ziel zu erreichen.
Bin am Leben geblieben!

Kann Buchenwald nicht vergessen,
Im schönen Thüringen,
Zwischen dichten Wäldern
Ein grausames Todeslager errichtet,
Abertausende Opfer hergeschleppt.
Stundenlang in eisiger Kälte
Auf Appellen gestanden.
Menschen absichtlich gequält,
Vor Schwäche umgefallen.
Wir mussten gezählt werden,

---

* 11. Oktober 2017.

Auf Pritschen, draußen
in der Finsternis.
Mussten gezählt werden,
Lange gesucht, wer fehlte,
Nicht wichtig, dass wir
Gequält wurden.
Die Anzahl der Häftlinge
Musste genau stimmen!
Zweimal täglich
Wurde gezählt.
Wie lange gestanden,
Nicht wichtig.
Die Anzahl der Häftlinge
Musste genau stimmen.
Bis alle gefunden,
Sind Stunden vergangen.
Die erschöpften Menschen
Haben nicht standgehalten,
Viele im tiefen Schnee versunken,
In der Finsternis nicht zu erkennen.
Die Anzahl musste genau stimmen.
Das Zählen kein Ende nahm.
Laufend neue Opfer im Schnee versanken,
Auf Befehl musste die Anzahl genau stimmen.
Stundenlang ausgehungert weitermarschiert.

Wenige das Endziel erreichten,
Alle Baracken besetzt.
In meine Decke eingehüllt
Auf vereistem Boden niedergelegt,
Sofort eingeschlafen.
Morgens aufgewacht,
Meine Glieder untersucht,
Vom Frost nicht betroffen.
Ein Wunder, nicht das letzte!

Hatte Hunger, weitermarschiert,
Eine unglaubliche Qual.
Worte nicht beschreiben können,
Was Hunger bedeutet!
Ein leerer Magen fühlt,
Unter Hunger gelitten.
Hab' als freier Mensch,
Reichlich zu essen gehabt,
Hungergefühl noch lange begleitet,
Bis ich von dieser Qual befreit!
Ich denke zurück,
Glaube manchmal kaum,
All das selbst erlebt zu haben.

*

Scherben
Scherben ein Leben erzählen
Jede Scherbe hat einen Traum
Jede Scherbe nach Liebe strebt
Jede Scherbe um Frieden fleht
Jede Scherbe eine Träne vergießt
Jede Scherbe in Trauer gehüllt
Jede Scherbe meiner Liebsten gedenkt
Alle Scherben zusammen
Ein ganzes Leben erzählen
Niemals vergessen
Dass einmal ein schönes Leben war.

*

Denke an meine verlorenen Kinderjahre,
Die wie ein Märchen erscheinen!
Ein Traum kommt und geht.
Eine Traumzeit erlebt,
Vom Sturm frühzeitig verweht,

Meine Lieben verloren.
Haben von ihrem Leid niemals gesprochen,
Ein tragisches Schicksal ertragen.
Kann niemals verzeihen!
Warum musste das sein?

Unberührter Schnee die Erde bedeckt,
Eine Eisschicht Gewässer verdeckt,
Schlitten ein gutes Verkehrsmittel
Und ein Kinderspiel.
Ein Foto von Rudolf und mir
Auf einem Schlitten ist geblieben (S. 5).
Zwei glückliche Brüder auf dem Schlitten.
An die Schneeschanze erinnert,
Auf der das Foto aufgenommen,
Nicht weit von unserem Haus in Posen.
Im Hintergrund Häuser
Des Jersitzer Wohngebiets.
Mit Kochanowski 4.[11]
Unserem Wohnhaus.
Es waren schöne Jahre,
Bis der Zweite Weltkrieg begann
Und alles Schöne zerstörte.
Das ist schon lange her,
Habe es nicht vergessen.
Als Traumzeit gedenken,
Als ich jung gewesen.
Kommt nicht wieder,
Das Gesetz der Natur.
Was Weimar bedeutet,
Wie viele Leute wissen,
Was Buchenwald bedeutet,
In der Nähe von Weimar?

---

[11] Posener Straße, in der Familie Steinitz wohnte.

Das wissen wenige!
In der schönsten Natur,
Zwischen Bergen und Wäldern
Haben sie eines der grausamsten
Todeslager errichtet.
Niemand sollte es sehen
Oder vom schrecklichen Leid,
Ihrer Opfer hören.
Nur wer dort Häftling war,
Diese Hölle überlebte, kann
Von dieser Schande berichten.

Weimarer Bürger erklärten,
Von der Buchenwalder Hölle
Nie gehört zu haben.
Haben gelogen, in der Lagerverwaltung
Gearbeitet, von der Schande gewusst
Und geschwiegen!
Goethe und Schiller vergessen!
Hitler zu folgen bereit.

In Buchenwald Berge von Leichen geblieben,
Auf Befehl der Amerikaner,
Haben Weimarer Bürger,
Frauen und Männer, die Opfer bestattet.
Keine Spuren, keine Namen!
Unbekannt die Erde verlassen,
Ihre Familientragödien niemand berichtet.
Ewig unbekannt bleiben.
Niemals verzeihen!
Warum musste das sein?

Frage, warum ich meistens
Von Leid schreibe,
Freude im Schatten bleibt.
Das Tragische nicht aus meinem

Gedächtnis weicht.
Tief in meiner Seele weilt,
Mein Herz blutet, ist nicht zu stillen,
Tränen strömen,
Mein Gesicht befeuchten.
In Trauer bleiben!

*

*Ich schreibe Poeme
Mit 91 Jahren.
Lange verborgen,
Kann kaum glauben,
Das sie jetzt nach
Freiheit streben.
Man soll sie lesen,
Erfahren was gewesen.
Menschen waren Nummern,
Namen wertlos.
Nach der Nummer
Auf dem linken Arm,
Wurden sie genannt,
Ihre Namen ausgelöscht.
Die Mörder glaubten,
Ewig zu herrschen,
Hatten sich geirrt,
Ihre Macht wurde eines Tages
Von tiefem Schnee besiegt,
Aus war Hitlers Traum.

Millionen mussten mit
Ihrem Leben bezahlen,
Sechs Millionen jüdischer Herkunft.
Meine Familie in Bełżec ermordet!

---

* 21. Oktober 2017.

600.000 jüdische Menschen
Liegen dort begraben,[12]
Ihre Namen weitgehend vergessen,
Niemand weiß, wie sie geheißen.

*

*Macht hat zahlreiche Bedeutungen,
Ist meistens mit Gewalt verbunden.
Auch das Kraftwort ist nichts Gutes!
Brutale Machthaber
Sind immer da,
Wenn einer geht
Ein neuer erscheint.
Ihre Macht und Gewalt
Keine Grenzen kennt.
Würde und Toleranz
Sind ihnen völlig fremd!
Kann man vermeiden,
Dass sie nicht wiederkommen?
Die Frage ist immer noch offen,
Bleibt ein ewiges Rätsel.
Jahre vergehen, Gewalt bleibt,
Wandert durch die Welt,
Nur ihre Opfer wechseln.
Das Schöne zerstört,
Leid und Schmerz bleiben.
Menschen müssen noch lernen,
In Frieden zu leben.
Das Wunder noch erleben,
Wer weiß, wen soll ich fragen?

---

[12] Dazu: Zwi Helmut Steinitz, Jüdisches Tagebuch – Ein Überlebender der Schoáh engagiert sich als Israeli in Deutschland, besucht seine Geburtsstadt Posen und das **Massengrab seiner Familie in Bełżec.** Konstanz 2010.
* 28. Oktober 2017.

Wer die Antwort hat,
Dem drücke ich die Hand,
Sage Danke, mein Freund,
Für das schöne Geschenk!

*

*An glückliche Kinderjahre erinnern!
Dankbar, sie erlebt zu haben,
Nicht verloren gehen!
In meinen Gedanken weilen,
Nur mir gehören!
Ein ewiger Schatz bleiben,
Dankbar sie erlebt zu haben!
Niemals verloren gehen!
Was das bedeutet,
Was einmal gewesen!
Klingt wie ein Märchen,
Glück zu erleben!

*

**Auf dem Weg zum Galil[13]
Zwischen Felsen
Und stachligen Pflanzen
Hörte ich Klänge,
Schaute mich um:
Ein Hirte Flöte spielte,
Seine Klänge

---

* 29. Oktober 2017.
** 31, Oktober 2017.

[13] Galil: "Galiläa umfasst mehr als ein Drittel Israels und erstreckt sich 'von Dan im Norden, am Fuß des Hermon bis zu den Grenzen von Karmel und Gilboa im Süden und vom Jordantal im Osten über die Ebene von Jezreel und von Akko zum Mittelmeer im Westen'. In der römischen Zeit wurde Israel in drei Provinzen, Judäa, Samaria und Galiläa, aufgeteilt, das den gesamten Nordabschnitt des Landes umfasste; Galiläa war die größte Provinz." https://de.wikipedia.org /wiki/Galiläa

Meine Seele berauschten.
Das Ziel erreichte,
Die schönen Klänge
In der Ferne verklangen.

*

*Ich habe Freude am Schreiben,
Gedanken niederzuschreiben,
Meinem Leben Sinn zu geben.
Von Freude und Leid erzählen.
Dürfen nicht verloren gehen,
einmalige Gedanken.
Von ihnen lernen,
In Frieden zu leben.
Nur Liebe kennen,
Niemals verloren gehen!
Wer für Frieden einsteht
Dem drücke ich die Hand
Sage, danke mein Freund!

*

**Nachts habe ich geträumt,
Ich war in zwei Welten,
Fühlte mich verfolgt,
Im ständigen Wettlauf
Mit dem lauernden Tod.
Ein Vorgefühl
Hat mich gewarnt,
Dem tückischen Tod
Zu entweichen.
Hab' in meinem Elternhaus
Liebe und Geborgenheit erfahren,

* 3. November 2017.
** 10. November 2017.

Die keine Macht erschüttern,
War mein fester Glaube!
Es war ein schöner Traum
Eines Tages von brutalen Stiefeln zertreten,
Meine Eltern und meinen Bruder verloren,
Musste allein zwischen Tod und Leben
Meinen Weg finden!

Ihre Hölle zu überleben,
Haben die Nazis nicht gewollt.
Ist ihnen aber nicht gelungen,
Bin am Leben geblieben,
Berichten was die Nazis
Angerichtet haben.
Für ihre Verbrechen bezahlen,
In Gefängnissen lebenslang schmachten.
Aber nur wenige sind vor Gericht gestanden,
Nach einigen Jahren wurden die meisten freigelassen.
Ihre Opfer wurden nicht gefragt,
Wo blieb die Gerechtigkeit?
Die Schänder in Ruhe lebten.
Von Gerechtigkeit keine Spur!
Uns sind Leid und Schmerz geblieben,
Niemand machte sich Gedanken,
Das sei unser Problem,
So haben die anderen gedacht,
Vergessen, dass unser Leid
Und Schmerz nicht weichen,
Diese schwere Last ewig tragen,
Nicht zur Ruhe kommen.
Die Gedanken, ja die Gedanken
Nicht weichen aus dem Kopf,
Ob wir wollen oder nicht,
Kennen kein Erbarmen.
Sie kommen, ob wir wollen oder nicht,

Sind immer da, Leid und Schmerz
Niemals weichen – unser Schicksal!

Die Mehrzahl der Schänder
Niemals vor Gericht gestanden,
Für ihre Verbrechen nicht büßten.
In Ruhe lebten, als wenn nichts gewesen.
Den Aufschrei der Opfer niemand hörte,
Gerechtigkeit forderten, nur ein Echo,
Das in der Ferne verstummte.
Wo ist die Gerechtigkeit geblieben,
Fragen die Opfer,
Nur ein Echo ist geblieben.
Gerechtigkeit im Niemandsland verschwand.
Die Opfer mit ihrem Leid geblieben,
Das niemals heilen wird.
Gerechtigkeit ein leeres Wort!
Die Welt wollte vergessen.
Unsere Schänder niemals büßten,
So sieht unsere Welt aus,
Nur wir Opfer haben bezahlt
Und bezahlen weiter!
So sieht unsere Welt aus.
Gerechtigkeit – ein schwindender Traum!
Du kannst zum Himmel schreien,
Niemand hört dich.[14]
Gerechtigkeit ein Traum!
Schreie, es bleibt dabei,
Schreie ins Weite,
Niemand will hören!
Dir bleiben Schmerz und Leid.
Verschwunden die Gerechtigkeit.
Suche, vielleicht wirst du sie finden!

---

[14] Dazu: Baruch Milch, Ist der Himmel leer? – In Galizien durch die Hölle des NS-Terrors und ein neues Leben in Israel 1907-1989. Konstanz 2019.

Verliere nicht den Mut,
Vieleicht kommt der Tag.
Drücke deine Daumen,
Wünsche dir Erfolg,
Gerechtigkeit finden!

*

Den Wert des Jungseins
Nicht erkannt.
Jahre später mit Sehnsucht
An die schönen Jahre gedacht,
Wie schnell sie verflogen,
Niemals wiederkommen!
Als Erinnerungen bleiben,
Mein Leben begleiten,
Meinen Eltern dankbar sein
Für ihre Sorge und Liebe,
Mensch zu sein.
Ihren Wunsch habe ich erfüllt,
Mensch zu sein!
Wo ich auch war,
Wohin das Schicksal,
Mich geworfen,
Niemals vergessen, ein Mensch zu sein.
Das Vorbild meiner Eltern
Immer vor Augen gehabt,
Mensch zu sein.

Habe die Hölle überlebt
Dank meiner Eltern,
Mensch geblieben.
Nicht an Rache gedacht,
Keinen Hass empfunden.
Mensch zu sein, mein
Innigster Wunsch

Was ich gesehen habe,
Wünsche ich niemandem.
Kann nicht vergessen.
Ihren Aufschrei, die tödlichen
Salven höre ich noch heute!
Mit diesen Erinnerungen leben,
Ist der Preis für mein Überleben.
Meine Pflicht, für sie zu sprechen,
Was ich gehört und gesehen.
Mein Herz bebt vor Schmerz,
Augenzeuge dieser Tragödien.
Es fällt mir nicht leicht,
Berichten meine Pflicht!
Dieses Schicksal ist mir bestimmt.
Niemals vergessen, mahnen!
Niemals verzeihen!!!
Die Welt soll wissen,
Was geschehen!!
Soll daraus lernen,
Dass Friede über allem steht!

*

*Die dunklen Jahre sich
Dauernd weiter entfernen.
Als vergangene Zeit betrachtet,
Teil deutscher Geschichte,
Liegt schon weit zurück.
Vergessen wollen, was gewesen,
Dass einige Opfer noch leben!
Die schwere Last der brutalsten
Jahre deutscher Geschichte tragen müssen,
Ihr Leid und Schmerz niemals weichen.
Deutsche vergessen möchten,

---

* 13. November 2017.

Was gestern gewesen,
Die Nazizeit ausradieren,
Liegt schon so viele Jahre zurück.
In die Zukunft blicken.
Was geschehen, vergessen wir nicht
Den Aufschrei der Opfer
In weiter Ferne hören!
Ihr Echo niemals verblasst.
Diese Schande Deutschlands
Geschichte ewig verdunkelt.
Die Zukunft beweist, ob sie
Wirklich gelernt haben
Menschen zu würdigen,
Frieden zu schätzen.
Leben und leben lassen:
Das möchte ich erleben,
Mein innigster Wunsch!

*

* Jedes Wort hat etwas zu sagen,
Zum Guten oder zum Schlechten.
Die Wahl liegt in des Menschen Hand:
Wen Worte rühren,
Wen sie verletzen
Liegt in ihrer Hand,
Bestimmen die Wahl.
In dunklen Zeiten Worte verletzen,
Gefühle verdrängen.
Brutale Befehle
Menschenwürde zermahlen.
Alles Schöne verloren geht.
Bleibt ein tiefer Schmerz.
Die richtige Wahl zu treffen,

---

* 14. November 2017.

Haben sie nicht verstanden.
Ihre Gefühle im Schnee erstarrten,
Keine Macht konnte sie wecken.

Macht und Gewalt
Gehören nicht zu meiner Welt,
Sie waren und sind mir fremd.
Was kann ich tun,
Von Hass und Gewalt umgeben,
Wie kann ich sie vertreiben?
Menschlichkeit und Freundschaft siegen!
Mein innigster Wunsch!

Kenne weder Hass noch Rache,
Eigenschaften, die mir fremd sind.
Hab' in meinem Elternhaus nur Liebe
Und Geborgenheit erfahren.
Mensch zu sein. wo ich auch bin,
Wohin ich auch gehe, niemals
Vergesse, Mensch zu sein!
Hab das Vorbild meiner Eltern
Zu jeder Zeit vor Augen gehabt:
Dank meiner Eltern
Mensch zu sein!

Ihr Vermächtnis mit Erfolg
Meinen Kindern übertragen,
Gemeinsam mit Regina.
Von zwei lieben Kindern umgeben,
Dankbar und glücklich
Für das wunderbare Geschenk,
Von lieben Kindern umgeben zu sein!
Wir wissen das zu schätzen,
Unsere Herzen zu erwärmen,
Diese Freude zu erleben!

62

*

*Meine Gedanken sind voller Erinnerungen
An ein ganzes langes Leben,
Möchten erzählt werden,
Schriftlich verewigt.
Wer außer mir kann schreiben:
Ich war dabei, ihr Leid
Und Schmerz miterlebt,
Habe sie begleitet,
Abschied genommen.
Nicht geahnt,
Sie niemals wiederzusehen!
Meine armen Eltern
Haben gewusst,
Dass ich sie und Rudolf
Nie wiedersehen werde!
Ich habe es nicht geglaubt.
Doch nach zwei Tagen
Der tragischen Wahrheit
In die Augen geschaut.
Trotzdem noch einen Funken
Hoffnung gehabt.
Bis auch der erlosch
Und um mich herum
Nur Dunkelheit herrschte,
Kein Licht erhellen konnte.
Ein Wunder, die Dunkelheit besiegt,
Ein Funken Licht entdeckt,
Meine Hände ausgestreckt,
Wände betastet, bis ich
Licht erfuhr, Dunkelheit verdrängte,
Minuten zuvor nicht geglaubt.

---

* 19. November 2017.

63

Der Dunkelheit zu entkommen.
Ist mir gelungen,
Das ersehnte Licht erreicht!
Immer noch frage,
Wie habe ich das geschafft?
Wen soll ich fragen,
Wenn niemand da,
Kann nur ich allein
Antwort geben,
Die bislang aber noch
Verborgen.

Bis man mir sagt,
Antwort zu geben,
Kann noch Zeit vergehen.
Möglich, dass sie ewig
Verborgen bleibt.
Mir nur ein Brocken bekannt,
Nicht genug,
Die gesamte Wahrheit
Darzustellen.
Wenn ich auch Zeuge
Dieser Schande war,
Ihren Aufschrei gehört,
Hilflos geblieben.
Einige Salven haben
Sie zum Schweigen gebracht.
Ich habe es gehört.

*

*Das haben die Naziverbrecher gewollt.
Als Zeuge darüber berichten,
Haben sie nicht gewollt,

---

* 20. November 2017.

Das Schicksal hat ihr Ende bestimmt,
Bevor sie alle in den Tod getrieben.
Vom jüdischen Volk sind nur wenige
Geblieben, jüdisches Blut in Strömen
Geflossen.
Der Überlebenden Aufgabe zu berichten,
Zu gedenken, die Opfer nicht vergessen!
Die Mehrzahl namenlos begraben,
Haben uns spurlos verlassen.
Worte fehlen, den grauenhaften
Leidensweg zu beschreiben.
Nur Zahlen sind geblieben,
Sie schreien und mahnen.
Jede Zahl ist Menschenleid,
Insgesamt Millionen,
Wer kann das begreifen!
Die Welt hat zugeschaut
Und geschwiegen!
Niemals verzeihen.
Warum sie schwiegen,
Niemals beantwortet.

Jüdisches Schicksal war
In ihren Augen wertlos.
Ein Verzeihen gibt es nicht!
Der Schmerz des Überlebens
Wird niemals weichen.
Von der Nazihölle berichten,
Nur wer sie erlebte und überlebte.
Welch tragische Aufgabe
Mir geblieben!

In meiner Kindheit Geborgenheit
Und Liebe erfahren,
Dass sie für immer bleiben,

Habe ich geglaubt!
Das Schicksal hat es anders gewollt,
Von meinen Lieben ist niemand geblieben!
Hab' allein zwischen Tod und Leben,
Freiheit erreicht!
Wenn ihr mich fragt,
Wie hast du das geschafft?
Es ist kaum zu erklären,
Wie ein Blinder,
Eine Wand betastet,
Ein Funken mir zeigte
Wo Freiheit und Liebe blüht!
Dorthin bin ich gerannt!
In meine Arme genommen,
An mein Herz gedrückt,
Für immer behalten.

Ihre Tragödie
Der Welt vor Augen stellen!
Dieses Leid vermeiden.
Ich flehe, ich mahne,
Ihr Vermächtnis sollt ihr kennen,
Niemals vergessen!
Dem Frieden die Hände reichen!
Menschenliebe über alles steht!
Mensch zu sein,
Unser innigster Wunsch!

Nazis in eigener Hölle versanken,
Dürfen niemals wiederkommen,
So flehen unsere Gedanken!
Dem Frieden die Hände reichen,
Bleibt unser innigster Wunsch!

Ich erlebe die Vergangenheit
Als hätte ich sie gestern erlebt!

Nicht immer ist sie traurig,
Glückliche Kinderjahre
Waren mir vergönnt!
Mutter- und Vaterliebe
Erfüllten meine Kindheit,
Geborgenheit,
Die niemand erschüttert,
War mein fester Glaube!

*

*Das gute Gefühl genossen,
Bis eine böse Hand
Alles Schöne zerstörte.
Ein wilder Sturm mit brutaler Faust
Die Menschen schändete,
Leiden, zum Himmel schreien!
Danach in den Tod getrieben.

Die teuflischen Nazimörder
Haben mit pedantischer Genauigkeit
Einen Völkermord durchgeführt.
Nachdem sie ihre blutige Plicht erfüllt hatten,
Waren sie liebende Ehemänner und Väter.
Ich konnte nie verstehen, wie ein Mensch
Gleichzeitig morden und lieben kann.
Nazis bewiesen, dass alles möglich ist.
Dass die Bestie im Menschen nicht schläft!

*

**Das Alter hat mich überfallen
Früher als erwartet; hatte
Geglaubt, dass es noch weit weg liegt,

---

* 21. November 2018.
** 22. November 2017.

Habe mich geirrt, hab' die
Vergangenen Jahre nicht gezählt,
Das Alter plötzlich vor meiner Tür steht!
Muss dem Alter in die Augen schauen,
Konnte es nicht später kommen?
Ich kann es nicht aufhalten,
Es steht vor meiner Tür.
Hier bin ich, spricht das Alter.
Dankbar sein, dieses Alter
Überhaupt erreicht zu haben.
Gedanken und Erinnerungen
Niederschreiben: Sind einmalig,
Dürfen nicht verloren gehen.
Welch einen tobenden Sturm
Wir überlebten,
können nur wir berichten.
Die Erde brannte,
Stiefel alles zerstörten,
Rauchende Trümmer
Hinterlassen.
Schmerz und Leid sind geblieben.
Was wir suchten,
Haben wir nicht gefunden.
Ein Wiederkommen
Bleibt ein unerfüllter Traum.

2018

[*] Endlos erscheint
die Zeit des Leidens.
Wann, wann endlich
Wird erreicht das Ziel?
Vom Himmel keine

---

* 8. Januar 2018.

Antwort und kein Trost.
Wir marschieren und marschieren
Einem Ziel entgegen
In der Unendlichkeit,
Zum Umfallen müde.
Keiner sieht, niemand hört,
wir marschieren weiter und weiter.
Einer nach dem anderen,
Von Müdigkeit gequält,
Fallen sie in den Schnee,
Wenn sie keiner aufhebt
Bleiben sie liegen und erfrieren.

*

*Diesen Weg bin ich marschiert,
Kein Mensch, sondern eine Nummer.
Kein Mensch, sondern ein Häftling.
Mit 15 kein freier Mensch.
Ein rechtloser Häftling
in des Teufels Hand.

*

**An der Ecke Kochanowski[15]
eine Droschkenstation.
Die Droschkenkutscher
Warteten bei jedem Wetter auf Kunden.
Unter den Pferden versammelten sich
Spatzen. Konnten dort ihren Hunger stillen,
Sich im Winter sogar wärmen.

*

---

* 11. Januar 2018.
** 28. Januar 2018.
[15] Posener Straße, in der Familie Steinitz wohnte.

*Groß ist die Macht des Alters.
Keine Ruhe ist mir vergönnt.
Die Vergangenheit
Steht mir immer wieder
Vor Augen, verdunkelt mein Gemüt.
Dabei sehne ich mich nach Ruhe.
Die Vergangenheit will nicht schwinden.
Wer kann mir sagen, wie man
die Vergangenheit überwindet.

*

**Die Vergangenheit ruht nicht,
Kommt immer wieder hoch.
Auch wenn sie Jahre zurückliegt,
Erscheint sie lebendig und klar.
Der Beginn einer Tragödie.
Einem SS-Mann
Hat unsere Wohnung gefallen.
Er befahl, die Wohnung zu verlassen.
Den Befehl hat Vater
Nicht ernst genommen.
Schnell musste er lernen,
Dass er, ein deutscher Jude und
Ehemaliger Kriegsteilnehmer,
Im Nazi-Staat keine Rechte hatte.
Der SS-Mann wurde Herr
In unserer Wohnung.
Er konnte sich alles erlauben.

*

***Wir hatten Besuch,

----

* 30. Januar 2018.
** 17. Februar 2018.
*** 27. Februar 2018.

Lehrer und Studenten
Der Potsdamer Universität.
Sie wollten einen Überlebenden
Deutscher KZ-Lager treffen,
Von seinen Erfahrungen hören.

*

*Die Vergangenheit will nicht weichen.
Sie ist immer da, erinnert an das, was war.
Wem soll ich sagen, wie schwer die Last wird.
Wie lange noch kann ich sie ertragen?
Tag für Tag wird sie schwerer.
Wem soll ich sagen,
Dass sie mich bedrückt.
Die Last beugt meine Gedanken.
Wie kann ich erklären,
Was Hölle bedeutet,
Welches Leid sie schafft.
Am Tor zur Hölle
Stand der höhnische Satz:
"Arbeit macht frei".
Wer Glück hatte,
Entging dem Tod.
Fragt nicht, wie ich es schaffte,
Dem Todesengel zu entkommen.
Ist es einem Zufall,[16] vielleicht einem Wunder
Zu verdanken, ich weiß es selbst nicht.
Wen soll ich fragen? Lasst mich wissen,
Wenn ihr eine Antwort gefunden habt!

*

---

* 5. März 2018.

[16] Zwi Helmut Steinitz, Durch Zufall im Holocaust gerettet – Rückblick eines Israeli aus Posen, der das Krakauer Ghetto und deutsch KZs durchlitt und überlebte. Konstanz 2012.

*Ich bin alt geworden.
Kaum zu glauben.
Müde bin ich nach wenigen Schritten.
Ein Stock muss mich stützen,
Das Gleichgewicht zu halten.
Wo blieb der starke Helmut
Der durch Eis und Schnee
auf unbekannten Wegen schritt,
Mutterseelenallein entschied,
Welcher Weg der richtige ist,
In der Hoffnung, seine Freiheit
Zurückzugewinnen.
Ich war jung, Gefahren
Schreckten mich nicht.
Ich wollte leben und berichten,
Was meine Augen gesehen,
Und meine Ohren gehört.

Die Welt sollte wissen,
Welche Macht das Raubtier
Im Menschen besitzt.
Kein Mitleid, kein Gefühl
In ihren Herzen.
Hart und gefühllos
Tobte das Raubtier.
Die Welt hat gesehen
Und gewusst,
Aber trotzdem geschwiegen!
Ein Verzeihen gibt es nicht!

*

**Meine Gedanken wandern zurück,
Suchen meine Lieben.

_____

* 13. März 2018.
** 30. März 2018.

Ich weiß, wo sie geblieben,
Was sie erleben mussten.
Die Gedanken daran zerbrechen mein Herz.
Ich weiß, ich wusste und konnte nicht helfen.
Habe alles versucht, sie zu retten,
Obwohl mir klar war, dass ich machtlos war.
Wenn nicht heute dann morgen
Hätte sie das Raubtier im Menschen gefasst.
Ich bin dem Raubtier entkommen.
Wenn man mich fragt: Wie hast du das gemacht,
Fehlen mir die Worte zu erklären,
Wie ich dem Todesengel entkommen bin.
Gefahr habe ich gewittert, bin losgerannt
In ein unbekanntes Irgendwo.
Ihr fragt mich: Wie hast du gewusst,
Wo dich Freiheit erwartet?
Ich habe nicht gewusst wo,
Das unbekannte Irgendwo liegt,
In dem mich Freiheit erwartet.
Ich bin einfach losgerannt,
Der Freiheit meine Hand zu reichen,
Frieden zu erleben.
Ich bin einfach losgerannt,
Um dem Frieden meine Hand zu reichen.
Es war kein Traum,
Es war die ersehnte Freiheit,
Zu der mich meine Gedanken trieben.
Sie erschien wie ein Wunder,
Denn gestern war meine Freiheit
Noch unerreichbar.
Ihr heute meine Hand zu reichen,
Erschien wie ein Wunder.
Wer hätte das geglaubt?
Nur wer auf Wunder hoffte,

Hat seine Hoffnung nicht aufgegeben.
Ohne Hoffnung gibt es kein Leben.
Das ist das Gesetz der Natur
und die Macht des Schicksals.
Ich habe es erlebt und gelernt,
Die Hoffnung nicht aufzugeben,
Jedes Stück Leben festzuhalten.
Nur wenigen war es vergönnt,
standzuhalten, sich nicht zu beugen,
In der Hoffnung, dass dieses
Raubtier im Menschen
Nicht ewig unser Schicksal
Bestimmen und eines Tages
In der eigenen Hölle versinken wird.
Es musste noch Zeit vergehen.
Tagelanges Marschieren unter Qualen
war uns beschert, bis auch das Raubtier
Seinen eigenen Schikanen zum Opfer fiel.
Es floh, und wir waren endlich frei.
Keiner hat gejubelt, die Freiheit hat uns nicht
Unsere Liebsten zurückgegeben.
Mutterseelenallein sind wir
In einer fremden Welt geblieben.
Unsere Wunden können niemals heilen,
Die traurigen Erinnerungen niemals weichen.
Das ist der Preis des Überlebens.
Niemand kennt sein Schicksal,
bis es an die Tür klopft.

*

*Ich sehe viele Gesichter
Nicht die ich suche,
Es sind so viele,

---

* 24. März 2018.

Kein einziges, das ich suche.
Wen soll ich fragen,
Wo meine Lieben geblieben?
Wen soll ich fragen,
Wenn niemand mehr da ist?
Vieleicht kann mir doch
Jemand heimlich verraten,
Wo ich meine Lieben finden kann?
Vergebens mein Wunsch,
Auch heimlich kommt keine Antwort!
Wen soll ich fragen? Höre kein Wort,
Das mir verrät, wo sind sie: Wo?!?!
Was bleibt, ist ein tiefer Schmerz.
Das Schweigen schreit zum Himmel,
Kein Wort warum, warum musste das sein?!
Es bleibt ein tiefer Schmerz.
Das Schweigen schreit und schreit,
Hört niemals auf, fragt,
Warum musste das sein?
Vielleicht hat das Raubtier
Im Menschen die Antwort.

*

*"Räder müssen rollen für den Sieg!"
Das war die Naziparole, die auf jedem
Güterwaggon zu lesen stand.
In solchen Waggons haben sie
Auch ihre Opfer in den Tod gefahren.
Die Räder rollten Tag und Nacht,
Kamen nicht zur Ruh,
Rollten für einen verlorenen Sieg,
Rollten, bis sie im Schnee versanken,
Aus war der Nazi-Siegestraum!

---

* 27. März 2018.

Blieben rauchende Trümmer
Und tiefes Leid.

(Neu)

*Es ist nicht zu vermeiden,
Über Leid und Schmerz,
Die mir widerfahren,
Zu schreiben.
Immer wieder die Momente
Darstellen, was das Schicksal
Mir beschert hat,
Ich blieb, meine Lieben
Mussten gehen!
Ich konnte nicht helfen!
Ich konnte nicht helfen
Die Erinnerung an diese
Tragischen Momente,
Die Tränen meiner armen Mutter,
Der Aufschrei meines
Verletzten stolzen Vaters,
Ich höre ihn noch heute:
"Ihr Mörder, ihr Verbrecher!",
Wandte er sich mit erhobener
Stimme an die SS-Männer,
Die sofort ihre Pistolen
Schussbereit auf Vater richteten,
Den man in das Sammellager trieb.
Mein armer Vater war Kriegsteilnehmer
Im Ersten Weltkrieg,
Deutschland war seine Heimat,
Von der er jetzt geschändet wurde.
Das war mehr als Vater ertragen konnte.
Wissend das alles verloren war,

---

* 28. März 2018.

Näherte er sich den SS-Männern
Und schrie sie mit erhobener Stimme an:
"Ihr Mörder, ihr Verbrecher!"
Einige Schüsse machten
Seinem Leben ein Ende.
Meine arme Mutter und Rudolf
Waren dabei.
Mit Tränen in den Augen
Schreibe ich diese Zeilen,
Und frage, warum,
Warum musste das sein?!?!

*

*Ich konnte nicht helfen, ich konnte nicht helfen
Auch wenn ich meine Lieben vor dem Raubtier
Einige Male retten konnte, war ihr Schicksal bestimmt.
Kein Mitleid, kein Mitgefühl kannte das Tier im Menschen.
So waren sie dressiert, blind Befehlen zu folgen!
Ich konnte nicht helfen,
Mir hat das Schicksal bestimmt,
Die Hölle zu überleben.
Das Schicksal kennt das Geheimnis,
Wie man der Hölle entkommt.
Wenn ihr mich fragt, wie hast du
Das geschafft, sage ich,
Fragt das Schicksal!

*

**Das Schicksal geht seine Wege,
Für uns bleibt es ein Geheimnis.
Nur wenn das Schicksal uns fühlen lässt,

---

* 29. März 2018.
** 10. April 2018.

Welche Macht es besitzt,
Ist das Geheimnis vorüber,
Zeigt seine Krallen.
Wir schreien zum Himmel,
Niemand sieht, niemand hört!
Sind verlassen geblieben,
Niemand konnte helfen.
So hat das Schicksal bestimmt.
Wir schreien zum Himmel!
Niemand sieht, niemand hört!
Hat das Schicksal bestimmt!
Ich schaue mich um und suche,
Niemand ist geblieben,
Wen ich suche, werde ich nicht finden!
Warum musste das sein.

*

*Im Schatten der Sonne
Und Wolken bin ich marschiert,
Es war dunkel wie in der Nacht,
Meine Füße versanken im Schnee,
Meine Holzschuhe waren Eisklumpen,
Schwer wie Blei,
Ich konnte nicht weiter,
Meine Füße nicht mehr heben
Vor Erschöpfung in den Schnee gefallen.
Dank meiner Freunde bin ich aufgestanden,
Sie haben mich unter die Arme genommen
Und bis zu einer befahrenen Straße begleitet.
Langsam habe ich mich erholt und konnte
Mit eigenen Kräften den Weg fortsetzen.
In Gleiwitz angekommen, waren alle Baracken
Überfüllt nicht mal für eine Stecknadel

---
* 17. April 2018.

War Platz geblieben.
Das Problem waren meine Holzschuhe,
An die sich laufend Schnee ansetzte
Und gleich in schwere Eisklumpen
Verwandelten.

2019

*Ich bin in Gedanken versunken,
Sie erinnern, sie mahnen:
Vergesst nicht, was ihr gesehen,
Gehört habt! Den Aufschrei
Der Opfer, das Wimmern der Kinder,
Die Erinnerungen an diese Hölle sind
Lebendig als wäre es gestern gewesen.
Sie verfolgen mich und
Wollen nicht schwinden.

---

* 21. Februar 2019.

Erhard Roy Wiehn

"Die heilige Pflicht zu berichten"

Nachwort als Einführung

Helmut Steinitz wird am 1. Juni 1927 in Posen[17] geboren, wächst mit seinem ein Jahr jüngeren Bruder Rudolf in der Geborgenheit einer kultivierten liberalen jüdischen Familie auf, die sich in jeder Hinsicht deutscher fühlt als jüdisch, gerade in dieser Stadt, die nach dem Ersten Weltkrieg polnisch geworden war. Deutsche Literatur, Lyrik, Kunst und Musik sind im wahrsten Sinne des Wortes bei Familie Steinitz zu Hause.

Vater Hermann Steinitz war im Ersten Weltkrieg kriegsfreiwilliger Frontkämpfer bei der Artillerie und unterrichtet als hochgeachteter und verehrter Professor am deutschen Schiller-Gymnasium in Posen Deutsch, Englisch und Französisch. Mutter Salomea ist eine liebevolle, gebildete, musische, musikalische Frau, von ihrem Mann und ihren Kindern geliebt und im nichtjüdischen Freundeskreis beliebt und hoch geschätzt. – Zunehmende judenfeindliche Erfahrungen werden zwar wahrgenommen, aber noch nicht wirklich ernstgenommen, was sich aber zu ändern beginnt, als Hermann Steinitz 1936 als Jude sein geliebtes Schiller-Gymnasium verlassen und seine Familie durch Privatstunden ernähren muss, ein erster schwerer Schlag für den patriotischen Vater Hermann Steinitz.

Helmut ist gerade 12 Jahre jung, als die deutsche Wehrmacht samt SS-Einheiten am 1. September 1939 Polen überfällt, besetzt und die jüdische Bevölkerung sofort gnadenlos zu terrorisieren beginnt. Die Familie flieht in einer kurzen Odyssee aufs Land, kehrt dann nach Posen zurück, wo sie ihre Wohnung durch einen SS-Mann konfisziert vorfindet, bald eine trostlose Zeit im Posener Internierungslager er-

---

[17] Posen gehörte seit der Zweiten Polnischen Teilung bzw. seit 30. Januar 1793 zu Preußen und war Hauptstadt der preußischen Provinz Posen; mit dem Versailler Vertrag kamen die Stadt und weite Teile der Provinz zu Polen; im September 1939 folgte die Besetzung durch die deutsche Wehrmacht, Posen wurde Hauptstadt des Reichsgaues Wartheland; am 4. Oktober 1943 gab es hier die berüchtigte dreistündige geheime Rede des Reichsführers SS und Chefs der deutschen Polizei, Heinrich Himmler, vor 92 SS-Offizieren zur "Endlösung der Judenfrage"; am 23. Februar 1945 wurde Posen von sowjetischen Truppen unter General Schukow erobert; 1999 wurden "1000 Jahre Posen" gefeiert und 2003 "750 Jahre Stadtrecht".

leidet und mit vielen Leidensgenossinnen und Leidensgenossen ihres gesamten Besitzes beraubt aus Posen deportiert wird.

Irgendwo außerhalb von Posen plötzlich freigelassen, erlebt Familie Steinitz auf der Durchreise das schon beängstigende Warschau, gelangt dann zu Mutters Lieblingsbruder nach Krakau, wo mühsam eine Bleibe gefunden wird, muss aber bereits Anfang März 1941 ins Ghetto als demütigender Anfang von einem noch unvorstellbaren, allzu schnellen grausigen Ende. Schon am 1. Juni 1942, genau an Helmuts 15. Geburtstag, werden die Eltern und sein Bruder Rudolf mit dem ersten Transport in das Vernichtungslager Bełżec[18] in Südostpolen deportiert und völlig unschuldig sofort ermordet, nur weil sie Juden sind: Bruder Rudolf 14, Mutter Salomea 38, Vater Hermann Steinitz 48 Jahre.

Helmut, durch seine Geistesgegenwart und viel Glück dieser Todesdeportation nur knapp entronnen,[19] ist ab jetzt ganz allein auf sich gestellt, kommt zum Arbeitseinsatz in eine Kfz-Werkstatt der deutschen Wehrmacht, wird nach der Liquidierung des Krakauer Ghettos in das berüchtigte KZ Krakau-Płaszów verbracht,[20] wo er durch unmenschliche Sklavenarbeit und brutale Wachmannschaften in äußerste Lebensgefahr gerät. – Um Płaszów schnellstens zu verlassen, meldet sich Helmut mit anderen Häftlingen freiwillig, als eines Tages Schlosser gesucht werden, landet dann ebenso ungewollt wie schockiert in Auschwitz, um dort als Nummer 174251 ab 21. Februar 1944 erst recht einen wahren Alptraum zu erleben, den er nur mühsam und wiederum mit viel Glück überlebt, als er ins Siemens-Kommando versetzt wird, das ihm eine gewisse Überlebenschance bietet.

Am 17. Januar 1945 beginnt dann der Todesmarsch von Auschwitz nach Gleiwitz, von dort folgt eine winterliche Todesfahrt im offenen Güterzug zum KZ Buchenwald bei Weimar, das längst als gefürch-

---

[18] Zwi Helmut Steinitz, Jüdisches Tagebuch – Ein Überlebender der Schoáh engagiert sich als Israeli in Deutschland, besucht seine Geburtsstadt Poznań und das Massengrab seiner Familie in Bełżec. Konstanz 2010.

[19] Zwi Helmut Steinitz, Durch Zufall im Holocaust gerettet – Rückblick eines Israeli aus Posen, der das Krakauer Ghetto und deutsch KZs durchlitt und überlebte. Konstanz 2012.

[20] Das 1994 durch Steven Spielbergs Film *Schindlers Liste* bekannt werden sollte; https://de.wikipedia.org/wiki/Schindlers_Liste

tetes Todeslager gilt. Helmut hat wieder einmal Glück im Unglück und wird als früherer Siemens-Arbeiter am 22. Februar 1945 in ein Siemens-Werk nach Berlin-Haselhorst geschickt. – Nachdem dort infolge alliierter Luftangriffe nicht mehr gearbeitet werden kann, wird Helmut ins KZ Sachsenhausen bei Berlin verlegt, beginnt er am 21. April 1945 den schweren Weg nach Schwerin, wo er nach fast sechs Jahren Krieg, darunter drei unmenschlichen Häftlingsjahren, als junger Sklavenarbeiter des Großdeutschen Reiches mit 17 Jahren am 3. Mai 1945 von Soldaten der US Army befreit wird.

Nach vier Wochen in einem amerikanischen Militärcamp folgen viele Monate in verschiedenen DP- und jüdischen Sammel-Lagern in Lübeck, Neustadt an der Ostsee (wo er den jüdischen Vornamen Zwi annimmt), Bergen-Belsen und schließlich Antwerpen, von Angehörigen der Jüdischen Brigade[21] betreut, bis in einem südfranzösischen Hafen die stürmische Reise ins Wunschland Eretz Israel (Palästina) beginnt, wo Zwi alias Helmut am 27. März 1946[22] unter britischer Bewachung endlich an Land gehen kann. Nach zwei Wochen im britischen Internierungslager Atlít bei Haifa ist er wirklich frei, um nun zunächst im Kibbuz Afikím im Jordantal sein neues Leben zu beginnen. – Ende März 1948 zählt Zwi zu den Gründern des Kibbuz Buchenwald – Netzer Sereni.[23] Im August 1949 heiratet er Regina, die mit ihrer Zwillingsschwester Ruth in Berlin überlebt hatte.[24] Für Re-

---

[21] Die *Jewish Brigade Group* wurde am 20. September 1944 als eigenständige Einheit innerhalb der britischen Armee aufgestellt und im Juni 1946 aufgelöst; sie bestand aus ca. 5.000 Freiwilligen aus Palästina; seit Anfang August 1942 hatten bereits drei jüdische Bataillone in der britischen Armee in Ägypten und Nordafrika gekämpft; siehe z.B.: Sami Scharon, Gestritten, gekämpft und gelitten – Von Danzig nach Erez Israel, bei der britischen Armee in Nordafrika, mit der 'Jewish Brigade Group' durch Italien, Deutschland, Holland und Belgien, dann Offizier in der israelischen Armee 1923–1948. Konstanz 2002; dazu auch http://en.wikipedia.org/wiki/Jewish_Brigade

[22] Dieses Datum bestätigen auch Zwi Helmut Steinitz' Kameraden; im Museum von Atlit/Israel ist jedoch als Ankunftsdatum der "Tel Chaj" der 28. März 1946 verzeichnet; vgl. collections. yadvashem.org/photoarchive/en-us/35882.html

[23] https://de.wikipedia.org/wiki/Netzer_Sereni

[24] Regina Steinitz mit Regina Scheer, Zerstörte Kindheit und Jugend – Mein Leben und Überleben in Berlin. Herausgegeben von Leonore Martin und Uwe Neumärker, Stiftung Denkmal für die ermordeten Juden Europas. Berlin 2014; Inge Franken, Gegen das Vergessen. Erinnerungen an das jüdische Kinderheim Fehrbelliner Straße 92, Berlin, Prenzlauer Berg. Berlin 2005.

gina und Zwi geht das Leben bald außerhalb des Kibbuz in Israel weiter, doch auch die Folgen der Schoáh wirken weiter. Ihre Kinder Ami und Schlomit wachsen ohne Großeltern und ohne Verwandte auf. Die deutsche KZ-Nummer 174251 auf Zwi Helmut Steinitz' linkem Unterarm bleibt ebenso wie die nicht weichenwollende schreckliche Last der Erinnerung.

Die Lebens- und Familiengeschichte der Familie Steinitz gehört zweifellos zum Unglaublichsten, Tragischsten, Schrecklichsten, das man in der autobio-graphischen Holocaust-Literatur finden kann. Zwi Helmut Steinitz' Erinnerungen sind selbst im großen zeitlichen Abstand unglaublich genau, hautnah und berührend, ein wichtiges zeitgeschichtliches Dokument, das die Einmaligkeit, Besonderheit und Monstrosität der NS-Verbrechen und Deutschlands Schuld am Beispiel einer einzigen Familie und des einzig überlebenden Jungen besonders drastisch deutlich macht. Man kann sich kaum vorstellen, wieviel Kraft es den Autor gekostet haben mag, sowohl seine schönen Kindheitserinnerungen als auch seine nachtschwarzen Holocaust-Erinnerungen niederzuschreiben, um dabei alles noch einmal durchleben und durchleiden zu müssen. Er empfindet jedoch eine "heilige Pflicht zu berichten" und hat damit seiner Familie ein Denkmal und der Öffentlichkeit ein Mahnmal gesetzt, das bleibt.

Zwi Helmut Steinitz hat mindestens vier Leben gelebt:[25] seine glückliche Kindheit im Posener Elternhaus,[26] die schreckliche Zeit der ersten Verfolgung und des Verlustes seiner Familie sowie die Jahre in deutschen Konzentrationslagern,[27] seine Zeit als israelischer Blumen-

---

[25] Vgl. Erhard Roy Wiehn, "Aus dem vierten Leben eines Überlebenden", in: Zwi Helmut Steinitz, Jüdisches Tagebuch. Konstanz 2010, S. 9 ff.

[26] Zwi Helmut Steinitz, Meine deutsch-jüdische Kindheit im polnischen Posen – Erinnerungen eines Überlebenden und ein Wiedersehen nach 70 Jahren. Konstanz 2015.

[27] Zwi Helmut Steinitz, Als Junge durch die Hölle des Holocaust – Von Posen durch Warschau, das Krakauer Ghetto, Płaszów, Auschwitz, Buchenwald, Berlin-Haselhorst, Sachsenhausen bis Schwerin und über Lübeck, Neustadt, Bergen-Belsen, Antwerpen nach Erez Israel 1927–1946. Konstanz 2006, 2. durchgesehene und erweiterte Auflage 2008 (mit zahlreichen Fotos aus dem ehemaligen Krakauer Ghetto heute sowie von der jüngsten Vortragstätigkeit des Autors in Deutschland), 455 Seiten, 3. Auflage 2011, 4. Auflage 2015.

export-Pionier[28] und schließlich etwa zehn Jahre Erinnerungsarbeit in Deutschland, insbesondere mit Schülerinnen und Schülern, einschließlich seiner Reise nach Polen.[29] Für sein unermüdliches Erinnerungs-Engagement in Deutschland wurde er durch den deutschen Botschafter Andreas Michaelis in Tel Aviv am 5. September 2012 im Namen des Bundespräsidenten mit dem Bundesverdienstkreuz am Bande ausgezeichnet. – Wieder und wieder schreibt Zwi Helmut Steinitz, dass ihn die Vergangenheit nicht loslässt, was in den folgenden Poemen seiner *Verdichteten Vergangenheit* bedrückend zum Ausdruck kommt.[30]

Zwi Helmut Steinitz ist herzlich dafür zu danken, dass er uns seine Poeme anvertraut hat, den Prager Freunden Pavel Cbabr und Heinz Moll für ihr engagiertes Lektorat und Prof. Dr. Andrei Hoişie (Iaşi) für seine Einschätzung. – Christel Wollmann-Fiedler und ich haben Zwi Helmut Steinitz mit der von uns herausgegebenen Schrift *Zwi Helmut Steinitz, Vom Holocaust-Opfer zum Blumenexport-Pionier und die heilige Pflicht zu berichten* (Konstanz, Januar 2021) zu würdigen versucht: *Verdichtete Vergangenheit* ist ein letzter Nachruf auf unseren guten Freund, der am 24. August 2019 im Alter von 92 Jahren in Tel Aviv verstarb.

Unsere Hoffnung lautet einmal mehr: Was aufgeschrieben, veröffentlicht und in einigen Bibliotheken der Welt aufgehoben ist, wird wohl nicht so schnell vergessen, damit vielleicht daraus gelernt werden kann.

7./18. April 2019 – 1. Februar 2021

---

[28] Zwi Helmut Steinitz, Vom Holocaust-Opfer zum Blumenexport-Pionier – Von Posen durch das Krakauer Ghetto und deutsche KZs nach Israel zum Gemüseanbau im Kibbuz und zum israelischen Blumenexport 1927–2007. Konstanz 2007

[29] Zwi Helmut Steinitz, Jüdisches Tagebuch – Ein Überlebender der Schoáh engagiert sich als Israeli in Deutschland, besucht seine Geburtsstadt Poznań und das Massengrab seiner Familie in Bełżec. Konstanz 2010.

[30] Diese Poeme sind einmal mehr der Gegenbeweis zu Theodor W Adonos (später modifizierten) These: "Kulturkritik findet sich der letzten Stufe der Dialektik von Kultur und Barbarei gegenüber: nach Auschwitz ein Gedicht zu schreiben, ist barbarisch, und das frisst auch die Erkenntnis an, die ausspricht, warum es unmöglich ward, heute Gedichte zu schreiben." Theodor W. Adorno, Kulturkritik und Gesellschaft. Frankfurt a.M. 1977, S. 30.
https://de.wikipedia.org/wiki/Nach_Auschwitz_ein_Gedicht_zu_schreiben,_ist_barbarisch

Christel Wollmann-Fiedler

Sie schrien zum Himmel, doch niemand hat sie gehört...

ist der Beginn eines Gedichtes, eines Holocaustüberlebenden, eines Mannes, der im Alter von über achtzig Jahren seine Erinnerungen an früher in Gedichten ausdrückt, den das Leid und Elend nicht in Ruhe lassen, auch nicht im fortgeschrittenen Alter. Vier Konzentrationslager hat Zwi Steinitz überlebt, im Jahr 2019 starb er in Tel Aviv, fern seiner Geburtsstadt Posen. Kein Lyriker war Zwi, kein Dichter, seine Gedichte sind Erlebnisse eines unvorstellbaren Lebens mit großem Leid.

Ich erinnere mich an die Uraufführung des Dokumentarfilms "Die blonde Provinz" von Jacek Kubiak, Poznan, und Klaus Salge, Deutschland, in der Topographie des Terrors in Berlin im Mai 2010. 1939 überfiel die deutsche Wehrmacht Polen. Tausende von Polen trieben sie in den Osten des Landes, in den Tod. Polnische Geistliche, Lehrer, Journalisten, Schriftsteller, Wissenschaftler werden kurzerhand ermordet, die Juden kamen in Vernichtungslager. Volksdeutsche aus dem Baltikum wurden "Heim ins Reich" geholt, wohnten seitdem in den verlassenen Wohnungen und Häusern der vertriebenen christlichen und jüdischen Polen in Poznan/Posen. Die Nazis schufen in Windeseile das "Reichsgau Wartheland". "Eine blonde Provinz", so Heinrich Himmler, ein Experiment zur Züchtung einer germanischen Herrenrasse", sollte entstehen.

Die Protagonisten des Films sind drei Männer, die damals noch Kinder waren. Alle drei hatten einen Bezug zu Poznan. Dieter Bielenstein wurde in Lettland geboren, seine Familie 1940 als Volksdeutsche in den neu geschaffenen "Warthegau" übergesiedelt. Henryk Jaszcz suchte nach dem Überfall der Deutschen seine Eltern vergeblich in Poznan, schloss sich dem Widerstand an. Zwi Steinitz, seine Eltern und sein Bruder wurden als Juden ins Lager nach Krakau geschafft und weiter nach Belzec, wo die Eltern und der Bruder ermordet wur-den. Er selbst wurde weiter in die Lager Plaszow, Auschwitz, Buchen-wald und zuletzt nach Sachsenhausen gebracht. Im April 1945 be-freiten ihn die Amerikaner bei Schwerin und Zwi Steinitz war klar, nicht in diesem Land zu bleiben. Palästina sollte es sein und wurde es. 1946 kam er mit dem Schiff nach Palästina. Seitdem lebte er in Tel Aviv.

Das Filmteam begleitete Zwi Steinitz bis in das Vernichtungslager Belzec in der Nähe Lublins, kurz vor der ukrainischen Grenze. Über 600.000 Menschen jüdischer Abstammung aus Polen, Deutschland und der Tschechoslowakei wurden hier ermordet. Überlebende gab es keine! Siebzig Jahre nach der Ermordung der Eltern und des Bruders kam Zwi Steinitz zum ersten Mal nach hier, konnte ihnen, seinen liebsten und wichtigsten Angehörigen, endlich nach so vielen Jahren die letzte Ehre erweisen! Begleitet wurde Zwi Steinitz von seiner Frau Regina und dem Sohn Ami-Chai.

Herzzerreißend war der Film. Das Publikum weinte. Wer diesen Film gesehen hat, weiß, warum Zwi Steinitz Bücher geschrieben hat über sein vergangenes Leben und auch Gedichte in seiner Seele entstanden sind. Auch wissen wir nun, warum er seit dem Erscheinen seines ersten Buches im Jahr 2006 nach Deutschland kam und in seiner deutschen Muttersprache in Schulen und anderen Institutionen über sein Schicksal sprechen und den Schülern und Erwachsenen die Nazizeit erklären wollte.

Dann erinnere ich mich an eine gänzlich andere Begegnung am 1. Oktober 1966 als ich zwei Nazis gegenüberstand, die im Nürnberger Kriegsverbrecherprozess als Hauptkriegsverbrecher wegen Verbrechen gegen die Menschlichkeit zu zwanzig Jahren Haft verurteilt wurden und an diesem Tag, an den ich mich erinnere, aus dem Kriegsverbrechergefängnis in Spandau, im englischen Sektor der geteilten Stadt Berlin, entlassen wurden.

Beim Eintreten in das Schlosshotels Gehrhus in Berlin – Grunewald, traute ich meinen Augen nicht. Im Foyer des berühmten Luxushotels saßen in Clubsesseln verteilt Baldur von Schirach und Albert Speer mit ihren Familien. Erschrocken war ich, zwanzig Jahre Haft hatten sie abgesessen, an dem Tag entlassen, Rudolf Hess der Dritte im Bunde, der "fanatische Anhänger des Führerkultes", hatte lebenslange Haft abzusitzen.

Seitdem begleiteten mich Fragen und Gedanken zum Nationalsozialismus, lassen mir keine Ruhe. Die deutsche Vergangenheit holte mich ein! Die schrecklichen Bilder von Auschwitz kennen wir alle.

Zwi Steinitz kannte ich damals noch nicht, auch nicht meine anderen Freunde und Freundinnen, Zeitzeuginnen und Zeitzeugen in Israel, doch Auschwitz war mir bekannt als Ort des absoluten Grauens. Zwi lebt nicht mehr, doch die Gedichte hat er uns hinterlassen und mir ist die Erinnerung an diese beiden Nazis vor fünfundfünfzig Jahren näher denn je. Sie haben Adolph Hitler, den Massenmörder, unterstützt. Zwi hat schwer gelitten, seine Eltern wurden ermordet und sechs Millionen Juden und andersdenkende Menschen mit ihnen.

In seinen letzten Lebensjahren formte Zwi Steinitz seine Gedanken an die schreckliche Vergangenheit in Gedichten. Im Frühjahr 2019 besuchte ich ihn in Tel Aviv, vier Monate vor seinem Tod. Seine "Poems" schenkte er mir mit einer Widmung "Der lieben Christel zur Erinnerung an den Tel Aviv Besuch am 4.4.2019, Zwi Helmut Steinitz." Sie erinnern mich an ihn, an Zwi.

> Sie schrien zum Himmel,
> Doch niemand hat sie gehört.
> Wir müssen berichten,
> Die Welt soll es wissen.
> Die Opfer niemals vergessen,
> Ist Deutschlands Pflicht!

> Oft sagt man mir, ich sei ein Held.
> Doch ein Held war mir nicht bekannt,
> Wer wahre Helden waren, kann ich sagen:
> Es waren unsere Eltern, sie haben
> Im Stillen ihr Leid getragen.
> Ihre Ohnmacht sie quälte, sie haben
> Ihre Kinder nicht retten können.
> Es ist eine tragische Geschichte,
> Sie wurden mit meinem Bruder Rudolf
> In den Tod getrieben, wussten nicht,
> Dass ich am Leben blieb.

> Helden waren meine Eltern.
> Was konnten sie tun?
> Ihre Hände waren gebunden!
> Meine Mutter Salomea
> Und mein Vater Hermann
> Waren vorbildliche Eltern

Und sehr liebe Menschen.
Was konnten sie tun?
Ihre Hände waren gebunden.
So sind sie aus meinen Augen
Verschwunden.
Ich habe nicht geahnt,
Dass ich meine Eltern und Rudolf
Nie wiedersehen werde.
Ein letzter Abschiedsblick.
Wer hätte geglaubt,
Dass dieser Abschied
Der Allerletzte war?

Zwi Steinitz, 2018 Tel Aviv – Berlin, Anfang Februar 2021

Edition Schoáh & Judaica/Jewish Studies – seit/since 1984
von/by Prof. (em.) Erhard Roy Wiehn, Universität Konstanz
Hartung-Gorre Verlag/Publishers, Konstanz, Germany
02/2021 http://www.uni-konstanz.de/soziologie/judaica

Zwi Helmut Steinitz

in der Edition Schoáh & Judaica im Hartung-Gorre Verlag Konstanz

1) Als Junge durch die Hölle des Holocaust – Von Posen durch Warschau, das Krakauer Ghetto, Płaszów, Auschwitz, Buchenwald, Berlin-Haselhorst, Sachsenhausen bis Schwerin u. über Lübeck, Neustadt, Bergen-Belsen, Antwerpen nach Erez Israel 1927–1946. Konstanz 2006, 2. Durchgesehene und erweiterte Auflage 2008 (mit zahlreichen Fotos aus dem ehemaligen Krakauer Ghetto heute sowie von der jüngsten Vortragstätigkeit des Autors in Deutschland), 455 Seiten, 3. Auflage 2011, 4. Auflage 2015. ISBN 3-86628-075-0

2) Vom Holocaust-Opfer zum Blumenexport-Pionier – Von Posen durch das Krakauer Ghetto und deutsche KZs nach Israel zum Gemüseanbau im Kibbuz und zum israelischen Blumenexport 1927–2007. Konstanz 2007, 117 Seiten. ISBN 3-86628-160-9

3) As a boy through the hell of the Holocaust – From Poznań through Warsaw, the Kraków Ghetto, Płaszów, Auschwitz, Buchenwald, Berlin-Haselhorst, Sachsenhausen, to Schwerin and over Lübeck, Neustadt, Bergen-Belsen and Antwerp to Eretz Israel 1927–1946. Konstanz 2009. ISBN 3-86628-250-8 u. 978-3-86628-250-6

4) Jüdisches Tagebuch – Ein Überlebender der Schoáh engagiert sich als Israeli in Deutschland, besucht seine Geburtsstadt Posen und das Massengrab seiner Familie in Bełżec. Konstanz 2010, 99 Seiten, zahlreiche Fotos. ISBN 978-3-86628-328-2 u. 3-86628-328-8

Zwi Helmut Steinitz, "Wer hätte das geglaubt!" In: Erhard Roy Wiehn (Hg.), Wer hätte das geglaubt – Erinnerungen im Kibbuz Buchenwald – Netzer Sereni, an Hachschará und Konzentrationslager 1939-1945-1985. Konstanz 2010, 96 Seiten, Fotos. ISBN 978-3-86628-424-1 u. 3-86628-424-1

5) Durch Zufall im Holocaust gerettet – Rückblick eines Israeli aus Posen, der das Krakauer Ghetto und deutsche KZs durchlitt und überlebte. Konstanz 2012, 96 Seiten, Fotos. ISBN 978-3-86628-424-1

6) Eine deutsch-jüdische Kindheit im polnischen Posen – Erinnerungen eines Überlebenden und ein Wiedersehen nach 70 Jahren 1927–1939–2009. Konstanz 2015, 172 Seiten, Fotos. ISBN 978-3-86628-548-4 u. 3-86628-548-5

7) Verdichtete Vergangenheit – Nach glücklicher Posener Kindheit Leiden unter NS-Terror und die Ermordung der Familie in Bełżec sowie schreckliche deutsche KZ-Jahre und ein neues Leben in Israel. Ausgewählte Poeme 2016–2019. Herausgegeben von Erhard Roy Wiehn u. Christel Wollmann-Fiedler. Konstanz (Februar) 2021, 88 Seiten, Fotos. ISBN 978-3-86628-698-8

Erhard Roy Wiehn & Christel Wollmann-Fiedler (Hg.), Zwi Helmut Steinitz – Vom Holocaust-Opfer zum Blumenexport-Pionier und die heilige Pflicht zu berichten. Eine Hommage. Konstanz (Januar) 2021, 125 Seiten, Fotos. ISBN 978-3-86628-691-7: Neu!

Hartung-Gorre Verlag
D-78465 Konstanz, Germany - Telefon +49 (0)7533/97227 - Fax 97228
E-mail: Hartung.Gorre@t-online.de & verlag@hartung-gorre.de
oder durch den Buchhandel oder im Internet!
http://www.hartung-gorre.de